O ETERNO PLANTIO

Um reencontro da Medicina com a Natureza

Obras do autor:

PLANTAS QUE AJUDAM O HOMEM
Guia prático para a época atual
(1991 — em co-autoria)

GUIA PRÁTICO DE TERAPÊUTICA EXTERNA
Métodos e procedimentos terapêuticos
de grande simplicidade e eficácia
(1993)

O ETERNO PLANTIO
Um reencontro da Medicina com a Natureza
(1994)

CURAS PELA QUÍMICA OCULTA
Realidades suprafísicas na Medicina
(1994)

JORNADAS PELO MUNDO DA CURA
(1995)

Editoras
Cultrix/Pensamento
São Paulo - Brasil
Errepar S.A.
Buenos Aires - Argentina

Dr. José Maria Campos
(Clemente)

O ETERNO PLANTIO

Um reencontro da Medicina com a Natureza

CULTRIX/PENSAMENTO
São Paulo

Os recursos gerados pelos direitos autorais dos livros do Dr. José Maria Campos (Clemente) são revertidos em trabalhos de pesquisa sem fins lucrativos e que não se vinculam a instituições, organizações, seitas ou entidades de qualquer tipo.

O primeiro número à esquerda indica a edição, ou reedição, desta obra. A primeira dezena à direita indica o ano em que esta edição, ou reedição, foi publicada.

Edição	Ano
3-4-5-6-7-8-9-10-11-12	02-03-04-05-06-07-08-09

EDITORA PENSAMENTO-CULTRIX LTDA.
Rua Dr. Mário Vicente, 368 – 04270-000 – São Paulo, SP
Fone: 272-1399 – Fax: 272-4770
E-mail: pensamento@cultrix.com.br
http://www.pensamento-cultrix.com.br

Impresso em nossas oficinas gráficas.

"É na consciência de um ser flexível e aberto ao inusitado, ao que transcende os padrões de uma vida enfocada na densidade concreta, que são depositadas as sementes de etapas futuras dos homens, do planeta e do universo. Aí elas encontram condições propícias para seu desenvolvimento; no silencioso romper de suas cascas, elas germinam e crescem, anunciando mais amplas possibilidades de vida."

SEGREDOS DESVELADOS,
de Trigueirinho

Índice

Parte IV
O despontar de novos ciclos

Parte V
Indicações terapêuticas

Apêndice

O autor

Nascido no interior de Minas, muito cedo o Dr. José Maria Campos sentiu as características devocionais e científicas de seu temperamento. Dos doze aos dezessete anos foi interno numa instituição de formação sacerdotal, onde privou de uma vida de disciplina, estudos e oração. Em Belo Horizonte completou o curso secundário e, em 1970, ingressou na Faculdade de Medicina da Universidade Federal de Minas Gerais, época em que iniciou seu primeiro trabalho sistemático com plantas medicinais, já movido pela necessidade interior de buscar o lado transcendental e oculto da ciência.

Essa necessidade levou-o, após sua graduação, a uma clínica fundamentada nos princípios da Antroposofia[1], onde se dedicou durante cinco anos a um intenso trabalho em contato com a visão científico-espiritual do homem e do universo, trabalho que lhe proporcionou o aprofundamento de seus estudos. Rica em amadurecimento e novos impulsos, essa fase permitiu a construção, nos planos conscientes, de uma ligação entre suas aspirações internas e o exercício da medicina.

Na Europa prosseguiu sua aprendizagem profissional, humana e espiritual e especializou-se durante três anos em pediatria no Hospital de Herdecke, na Alemanha, além de estagiar em outros hospitais e freqüentar centros de pesquisa naquele país e na Suíça.

De volta ao Brasil, reconhecendo um novo passo a ser dado, interrompeu em 1988 sua atividade clínica para reunir-se ao seu atual grupo

---

[1] **Antroposofia**. Ciência espiritual, criada e desenvolvida por Rudolf Steiner, na Alemanha e Suíça, que apresenta uma abordagem científico-espiritual do homem e do universo.

de serviço em uma fazenda no interior do país. Desse período são os seus livros PLANTAS QUE AJUDAM O HOMEM, em co-autoria; GUIA PRÁTICO DE TERAPÊUTICA EXTERNA e também o que agora apresenta.

O Dr. José Maria Campos dedica-se hoje inteiramente ao serviço altruísta, devotado à pesquisa de medicamentos e de procedimentos que possam auxiliar o homem nesta importante fase de transição pela qual reconhecidamente todo o planeta está passando. O ETERNO PLANTIO é um dos frutos de sua vida de entrega às orientações do próprio ser interior, ser que ele não apenas reconheceu mas ao qual sempre procurou obedecer com amor e prontidão.

Ao leitor

O movimento de rotação do planeta vai acelerar-se e a solidez dos seus níveis materiais cederá lugar a um estado mais sutilizado. Esse processo trará, entre outras mudanças, o aumento da percepção interna do homem e se refletirá também em seus sentidos externos mais densos, levando-os a profundas transformações.

Em seu ciclo vindouro, a humanidade já transformada se relacionará muito mais intensamente com os mundos imateriais e terá sua consciência focalizada em níveis profundos da vida, simbolizados fisicamente pela cabeça. Em outras palavras, terá transcendido os níveis correspondentes à região do abdômen e à região cardíaca, onde atualmente ainda se encontra polarizada, e seu desenvolvimento será regido por circuitos energéticos mais amplos. É para essas etapas que nos preparamos, e é aos que as reconhecem como verdadeiras que este livro se destina.

Segundo a lei espiritual, toda e qualquer elevação da consciência é realizada pela energia que provém do interior do homem; todavia, há momentos em que ele necessita de tratamentos e de estímulos externos para se liberar dos obstáculos a essa ascensão. O preparo e o uso de medicamentos abrem maiores possibilidades para que ele se coligue com a energia espiritual, que flui mais abundantemente à medida que essa coligação se fortalece. Para viver isso é preciso fé, entrega do ser aos níveis de existência superiores, disciplina e cumprimento imediato das eventuais indicações que ele possa receber por vias interiores.

As experiências aqui relatadas interessam principalmente aos que se preparam para maior sutilização dos seus corpos e buscam elevar o próprio nível energético segundo os ditames do ser interno. Nesses indivíduos, a Vontade superior está ativando transmutações de forças e energias e desencadeando um processo que lhes permitirá acompanhar as mudanças planetárias ou participar de mundos mais sublimes que o da superfície da Terra. Além disso, essas experiências levam os leitores ao contato com expressões mais sutis da ciência e do serviço altruísta, estimulando-os a aderirem efetivamente à lei evolutiva e aos princípios superiores que regem o cosmos.

É esta uma obra dedicada não apenas aos militantes no trabalho de cura, mas a todo aquele que de alguma forma se prepara para essa tarefa.

Introdução

A cura interior é fundamental a todo ser humano, e a saúde física é dela apenas uma conseqüência. É a energia cósmica que se incumbe da manifestação de novos caminhos para a cura no plano físico, além de promover a transformação sutil nos seres e em seus corpos.

Essa energia pode atuar de modo mais efetivo e seguro em áreas onde a pureza magnética do ambiente e dos indivíduos que nelas circulem favoreça o conhecimento de realidades sutis. Pelo uso de determinadas substâncias, técnicas e processos inspirados por fontes espirituais, é possível criar uma base de ação que vá ao encontro do que é realizado no interior do indivíduo pelo seu eu profundo.

Mas, sem a permissão interna do ser, sem a abertura e a entrega incondicional a planos superiores de consciência e sem sua determinação sincera de assumir a transformação, as possibilidades de cura limitam-se aos alívios momentâneos ou paliativos e à transferência de sintomas.

Tendo optado por uma vida afastada da lei espiritual e evolutiva, o ser humano foi levando seus corpos a desestruturações e desequilíbrios que, com o tempo, vieram a exteriorizar-se em enfermidades. A tarefa de saná-las está, na realidade, entregue a curadores internos, que operam a partir dos planos imateriais. Todavia, uma parcela do trabalho de reconstrução dos planos materiais deve ser assumida pelo próprio homem, e nesse sentido grande ajuda pode ser-lhe dada pelo reino vegetal.

As plantas, pela pureza de sua vida, pela fidelidade em seguir a Lei Maior que as rege, guardam em si potenciais de cura até o momento quase totalmente ocultos e inacessíveis. Uma porta agora se abre aos que se dedicam a conhecer tal realidade, a fim de que esse reino possa prestar, ainda mais amplamente, seu serviço ao mundo.

Parte I

Caminhando fielmente

"O impulso que conduz o Ser à verdadeira cura é aquele que leva sua consciência a desbravar universos interiores, a libertar-se dos planos formais e ir ao encontro do Espírito."

HORA DE CURAR, de Trigueirinho

Relacionamentos desconhecidos

Nos primeiros anos da infância tive um sonho sintético e expressivo, que me acompanhou ao longo de toda a vida. Via-me no alto de uma colina. À minha frente e aos meus pés os elementos naturais desfilavam, manifestando grande força e poder. Era como uma tempestade apocalíptica, pois esses elementos pareciam soltos; ao mesmo tempo, porém, obedeciam a um comando interno, ordenado e consciente. Raios, trovões, fortes ventanias, chuvas torrenciais, nuvens a correr no céu, acentuando ainda mais a nota de cada um deles, tudo isso solapava a terra embaixo e em volta de onde me encontrava. A impressão era a de que nada resistiria à fúria dessas forças. Eu estava imerso naquele ambiente, mas sentia-me seguro e invulnerável. De um ponto mais elevado, outra parte do meu ser observava-me e a esse cenário.

A impressão de que eu estaria no sonho a desafiar a Natureza se instalou em mim a princípio; tal "interpretação" foi, porém, alterando-se, a cada vez que essas imagens emergiam, de tempos em tempos, em minha mente.

Anos mais tarde, assisti a uma projeção de *slides* de pinturas de Nicholas Roerich[1], que representavam distintos aspectos da vida intraterrena[2]. Meu ser estava muito aberto e receptivo à energia que deles emana-

---

[1] **Nicholas Roerich** (1871-1947). Pintor de origem russa, que expressou em sua obra percepções e conhecimentos da vida em mundos sutis e suprafísicos. O Nicholas Roerich Museum encontra-se em New York.

[2] **Vida intraterrena**. Existência de seres e civilizações de alto grau evolutivo no interior do planeta. Vide livros de Trigueirinho, Editora Pensamento.

va. Ali também apareciam, em forma mais pura, os elementos terra, água, ar, fogo e luz nos raios, no vento, nos minerais, e ainda outros, suprafísicos, indefiníveis. Enquanto isso, o lado interno e invisível de cada um deles revelava-se sem palavras ou imagens, e eu, em parte, os penetrava. A vida e a consciência que os permeiam podiam ser percebidas enquanto sua energia se irradiava daquelas fotografias.

Num relance, o sonho descrito emergiu novamente em minha consciência; desta vez, trazendo outra compreensão, outro impulso. Percebia uma sintonia interna do meu ser com cada uma dessas forças, como possibilidade de uma interação maior, de um trabalho em colaboração com elas, na sua forma própria de participar na construção dos diversos reinos da Natureza e dentro do campo de serviço ao Plano Evolutivo.

Alegria interna e gratidão estavam presentes, bem como o sentimento de comunhão com a vida e a consciência dos mundos intraterrenos.

Há uma possibilidade, ainda desconhecida para a maioria, de o homem relacionar-se de uma maneira desperta com os reinos infra-humanos e com os elementais[3] e os devas[4], algo vinculado a uma capacidade de trabalhar conscientemente com esses reinos e seres em direção à meta evolutiva.

Na verdade, a posição-chave do reino humano, dentre os que compõem os diversos níveis de consciência do planeta, permite que seu contato com esses reinos os ajude a direcionar seu potencial para a realização da tarefa que a Terra como um todo deve cumprir. Entretanto, para que isso se dê, devemos antes de tudo entregar a condução da nossa energia a consciências mais elevadas, consciências que tenham uma visão mais ampla do propósito planetário. Enquanto não restabelecermos nossa ligação com essa corrente que se dirige unida a uma única meta, a meta evolutiva, a vibração que emitimos não pode ser reconhecida por esses reinos como um impulso regente. Não cabe assim ao homem procurar por si mesmo exercer sobre eles qualquer domínio, pois este emerge esponta-

---

[3] **Elementais**. Do ponto de vista material, são expressões da essência das cinco substâncias básicas que, segundo a sabedoria antiga, compõem a vida como forças da natureza: a terra, a água, o fogo, o ar e o éter. São a corporificação da substância-vida do Universo, que trabalha nos diferentes estratos da manifestação.

[4] **Devas**. São os mensageiros, artífices, transformadores, construtores e destruidores da manifestação da Vida em todos os planos de consciência. O Universo não existiria como tal se não houvesse o trabalho dos devas. São seres cuja evolução é regida por leis e estruturas isentas do livre-arbítrio e do envolvimento com forças involutivas, formando um reino e uma Hierarquia. Vide O RESSURGIMENTO DE FÁTIMA (*Lis*), de Trigueirinho, Editora Pensamento.

neamente à medida que o ser desperta em níveis de consciência mais elevados.

Um campo muito delicado é o da aprendizagem do uso da energia do Poder[5]. Como a vida cósmica ao manifestar-se cria seus próprios mecanismos de preservação, exige, para que a essência dessa energia possa ser recebida e veiculada por um homem, que ele tenha condições, interna e externamente, de usá-la para o bem.

---

[5] **Energia do Poder**. Expressão vinculada ao Primeiro Raio, da Vontade-Poder. Vide A ENERGIA DOS RAIOS EM NOSSA VIDA, de Trigueirinho, Editora Pensamento.

Vias de contato com o guia interno

Inúmeras são as ocasiões em que o mundo interior busca revelar-nos sua existência e mostrar-nos sua participação na nossa vida externa, o que ele faz por meio de fatos, situações e circunstâncias diversas. Como ao encarnar nesta Terra perdemos a memória da nossa origem cósmica, das tarefas reais que temos a desempenhar e do destino ao qual nos dirigir, necessitamos ser reconduzidos continuamente à trilha que nos levará um dia ao reencontro com o próprio ser, que guarda em si a idéia arquetípica daquilo que verdadeiramente somos.

O reconhecimento de um primeiro chamado interno para esse reencontro deu-se em mim por volta dos sete anos, ainda que de forma bem velada. Naquela ocasião, vivenciei intensamente a "perda" de um dos seres que possibilitou minha entrada nesta presente vida. A partir daí começou a emergir em minha consciência grande necessidade de aproximar-me daquilo que se conhece como "salvação", para que a experiência da morte não significasse o fim de tudo. O caminho sacerdotal, inspirado pela vida de grandes cristãos, era para mim, na época, a única garantia real de alcançar essa meta, e eu pensava, então, que somente por ele poderia aproximar-me de Deus.

Um "fermento" precisa de certo tempo para agir e, assim, só por volta dos 12 anos entrei numa instituição para seguir o caminho religioso. Longe das influências do mundo externo, dentro de uma imensa área natural de rara beleza e harmonia, durante cinco anos levei uma vida de disciplina e ritmo, de silêncio e oração, de estudos, e, também, de íntimo convívio com a Natureza ao derredor. Meu ser absorvia tudo avidamente, passando por muitas estimulações internas, enquanto cumpria aquela etapa de preparação. Completado esse ciclo, fui retirado dali pelo destino e colocado novamente no mundo, sem entender bem o porquê.

Ao ter de decidir-me sobre o novo rumo a seguir, outra vez a realidade interna atuou de modo evidente. Movido por um inexplicável e súbito interesse por pesquisas com plantas e animais em laboratório, fui levado a optar pela carreira médica, como meio de aproximar-me desse campo de experiências. Somente anos mais tarde reconheci que todo um cenário havia sido armado pelo mundo interior para colocar-me em harmonia com o caminho da cura e das pesquisas, caminho em que etapas de formação externa e interna se dariam.

Com o passar do tempo fui percebendo que o fruto da busca interior se colhe na medida da nossa entrega, o que implica a assimilação de uma lei fundamental: não é o homem, enquanto consciência separada do Todo, que determina seu próprio destino. Este é traçado pelos níveis internos e impessoais do ser, de maneira sincronizada com ciclos de amplitude cósmica. Contatar esses níveis e agir em conformidade com suas indicações é a nossa tarefa maior. Só assim nossos passos na Terra terão projeção no cosmos.

* * *

No trabalho de formação e aperfeiçoamento dos contatos internos a humildade é muito necessária. Cada um tem seu próprio mecanismo de funcionamento e de atuação nesse sentido e deve unicamente manter a abertura aos níveis profundos do seu ser, evitando comparar-se com os demais. É preciso, com desapego, desenvolver a fé; com ardor, alimentar um fio de coligação com a Hierarquia[1]. É preciso também, sobretudo, ser fiel às percepções que chegam por via direta, e não ficar simplesmente aguardando que venham por intermédio de outros.

Se um impulso ou um ensinamento filosófico deve tomar forma no mundo externo, inevitavelmente irá passar pelo mecanismo cerebral do indivíduo que está servindo de ligação entre os níveis suprafísicos e os níveis materiais. Isso ocorre principalmente no trabalho de cura.

---

[1] **Hierarquia**. Conjunto de consciências elevadas que, entre outras tarefas, inspiram e conduzem a evolução humana a partir dos níveis internos da vida.

Numa imagem sutil, vista internamente, foi-me mostrada certa vez a conexão da energia superior com esse mecanismo cerebral. Há pontos etéricos que permitem a passagem de certos impulsos elétricos para a mente concreta. No momento do contato do ser com planos mais elevados (ou em uma percepção intuitiva), esses pontos são estimulados pela energia superior. Eles são sete, mas nessa imagem apenas três me foram apresentados: o primeiro na nuca, o segundo atrás da orelha direita e o terceiro no limite entre a testa (no centro dela) e o início do couro cabeludo.

Em um processo de cura, se esses três pontos não estiverem ajustados com a Fonte de inspiração, ou se estiverem bloqueados para o fluir dos impulsos internos, ocorrerão distorções ou prevalecerão o conhecimento e a energia pessoal do curador — ou, ainda, a energia da própria rede etérica do ser que está na posição de paciente.

É tão sutil esse processo, que a formação de qualquer pensamento pessoal no momento do contato pode gerar um "curto-circuito" e, por um tempo mais ou menos longo, fazer com que se perca a sintonia. O contato realiza-se, como se sabe, independentemente da vontade humana — ainda que esta possa influir negativamente na pureza da transmissão. A menos que a mente tenha sido criada segundo padrões atualmente desconhecidos, haverá de sua parte sempre interferências, e, em muitos casos, o impulso da Hierarquia e a energia da mente individual tornam-se tão entremeados, que quase não se pode percebê-los separadamente.

É necessário estar vigilante, portanto, para que não haja infiltração do raciocínio ao se captarem inspirações provindas de planos de consciência internos. A energia supramental deve chegar ao cérebro o mais transparente possível, sem passar por essa influência que representa, na melhor das hipóteses, a experiência do indivíduo, experiência que, por já ter sido vivida, nada tem de novo.

Esses cuidados são básicos, tanto para a cura quanto para o desenvolvimento superior de pesquisas científicas. Para que a sabedoria interna seja captada, a energia supramental pode acoplar-se à mente do receptor, sem que esta participe de qualquer elaboração; ou pode acontecer de a mente unificar-se com o núcleo que lhe transmite a idéia. Este último processo é mais interiorizado que o primeiro, e mais puro também.

À primeira vista pode-se pensar que esses contatos sejam impossíveis, e o seriam, de fato, se para sua ocorrência se contasse apenas com o potencial humano. Mas, na realidade, eles são conseqüência de uma "pressão" advinda do mundo interno e, também, de três atitudes básicas a serem incorporadas ao caráter:

- Despreocupação por acontecimentos da vida humana e fatos materiais, o que torna viável a abertura do ponto etérico situado na região da nuca.
- Capacidade de seguir as indicações ou sinais do eu interno, o que produz a receptividade no ponto situado atrás da orelha direita.
- Avanço rumo à meta espiritual escolhida, sem desvios, dispersões ou distrações, o que abre os canais existentes na rede etérica localizada entre a fronte e o couro cabeludo.

A humanidade será no futuro mais sutil, e muitos já estão passando por refinamentos e fusões em seus corpos, como preparação. Parte do corpo emocional, ou astral, está-se deixando absorver no corpo mental concreto; do mesmo modo, a essência da mente abstrata integra-se à consciência intuitiva.

Com isso, o mecanismo mental-emocional passará a funcionar automaticamente, como já sucede com alguns sistemas do corpo físico, tais como o digestivo, o respiratório e o circulatório, entre outros. Com esse automatismo, o homem não mais terá de conscientemente raciocinar ou sentir, pois esses processos ocorrerão por si. Sua consciência estará então toda polarizada nos níveis abstratos, intuitivos e espirituais.

Tais mudanças estão sendo acionadas na órbita planetária e delas este livro é fruto, dando testemunho, ainda que parcial, de que já são realidade.

O serviço anônimo

Certa manhã, logo que despertei, dirigi-me à janela do quarto. Ao abri-la, percebi no gramado em frente uma pequena planta que se destacava das demais, chamando-me a atenção. Fui até ela e observei-a de perto. Possuía uma forma estranha, algo primitiva, desconhecida para mim, e seu aspecto não era muito acolhedor. Ao me aproximar mais, fui tomado pelo seu odor forte e desagradável. Nesse exato momento compreendi, de maneira sintética e direta, que aquele ser estava ali assumindo sobre si e transmutando parte da energia psíquica negativa com a qual me havia coligado anteriormente e que acabara de ser eliminada. Era como se essa carga tivesse sido absorvida, materializando-se naquele vegetal e liberando-me dela. Silenciei ante aquela experiência insólita, com respeito e veneração.

Passadas algumas horas, a planta começou a definhar e dentro em pouco murchou por completo. Por longo período não me deparei com outras semelhantes por onde andava.

Muito tempo após, já esquecido dessa experiência, abri pela manhã a janela do quarto e mais uma vez a vi, no gramado em frente. Aproximei-me dela e logo emergiu, novamente, a compreensão interna do que estava ocorrendo. Um dia antes acabara de liberar-me de outro denso material psíquico que anteriormente atraíra sobre mim, e essa planta o incorporara para transmutá-lo.

Surgiu então em meu ser um firme propósito de não mais criar situações, no plano consciente, que tornassem necessária essa forma de "sacrifício" do reino vegetal. Era como se, internamente, eu o quisesse liberar para outras tarefas mais amplas e nobres do que aquela, tarefas para as quais ele está aberto e pronto.

Ficou vivamente impressa na minha consciência a entrega total de um reino que, de modo fiel, misterioso e anônimo, presta grandes serviços ao mundo.

* * *

Não é necessário clarividência para se perceber a forma de atuação de uma planta ou de uma substância em algum processo de cura. Quando o indivíduo estabelece uma conexão estável com sua vida interior, a simples presença do espírito em sua consciência expande sua aura etérica o suficiente para que seja capaz de "saber" por meio de uma clara percepção interior.

É a espera serena e a atenção permanente que predispõem a mente do homem à intuição. É a linguagem da intuição que os mundos superiores usam para contatá-lo, desde que se mostre aberto à purificação, ou seja, à liberação de obstáculos ao progresso, ao caminho da ascensão.

Ao longo da vida, o ser vai sendo preparado e guiado, por meio de situações, experiências e purificações, para essa conexão com o mundo interno, para o desenvolvimento da intuição. Quando opta por dar um passo evolutivo e seguir o caminho da ascensão custe o que custar, todas as ajudas lhe são dadas.

Lembro-me de que anos antes, ao ingressar na Faculdade de Medicina, havia percebido que a estrutura de ensino, em lugar de favorecer a criação, a intuição e a pesquisa, em lugar de despertar o potencial imanente no ser, o embotava por uma imposição maciça de conceitos, informações, teorias e dogmas. Naquela época, uma profunda e secreta frustração fora-se instalando paulatinamente em mim, bem como um grande desinteresse por continuar ali. Tinha de procurar fora as respostas às perguntas que emergiam, pois no ambiente universitário elas nem mesmo podiam ser expressas.

Assim, as primeiras influências de correntes paramédicas foram sendo recebidas, trazendo alguns esclarecimentos e suscitando muitas outras questões. Ao mesmo tempo, uma necessidade crescente de ir ao encontro do mundo interno e de desvendá-lo ia-se fazendo presente, exercendo sobre mim certa "pressão". Alguns caminhos começaram a ser trilhados, como uma tentativa de atender a tais apelos, mas esses impulsos em direção à meta espiritual traziam frutos de uma maneira ainda um tanto vaga e irregular.

O descompasso que se estabelecera entre a rotina de um estudante de medicina e a vida paralela de buscas, pesquisas e descobertas, levara-me finalmente a pensar em desligar-me da Faculdade pelo meio do curso. Sentia uma necessidade premente de encontrar meu verdadeiro caminho.

Mais uma vez o mundo interno, impossibilitado ainda de ser reconhecido diretamente, levou-me ao encontro, no plano físico, de um grande ser que desencadeou, naquele momento, uma revolução em toda a minha vida. Por intermédio dele percebi a importância de terminar o curso, assumindo-o como uma tarefa a ser cumprida.

Um novo impulso instalou-se em mim a partir de então. A busca espiritual começou a ser assumida de modo regular e disciplinado, contando com o respaldo de um grupo. Uma coligação interna entre indivíduos de distintos locais que haviam respondido ao mesmo chamado foi sendo estabelecida e a aspiração por uma vida mais elevada ampliou-se em cada um de nós. Deram-se então os primórdios, no plano físico, de um trabalho grupal que desencadearia infinitos desdobramentos.

Ainda naquela fase tive o primeiro contato consciente com as plantas medicinais por intermédio de alguém que muito as conhecia e que me instruiu, passando eu a catalogá-las metodicamente. Vários anos mais tarde, ampliado e aprofundado, esse trabalho transformou-se no livro PLANTAS QUE AJUDAM O HOMEM[1].

Uma vez concluído o curso médico, encerrou-se em minha vida um ciclo de muitos confrontos, desafios e avanços.

A coragem de seguir adiante, mesmo em meio às mais opressoras situações, baseada na fé em uma meta a ser alcançada e em uma Luz que guia os nossos passos, faz com que transponhamos a miragem que é o labirinto da vida material. Assim se reconfirma em cada um o que é a Realidade e quão distante ela está daquilo que se acredita serem os obstáculos à evolução.

---

[1] De Dr. José Maria Campos e Dr. José Caribé, Editoras Cultrix/Pensamento.

A força do impulso interior

Certa vez, no final de minha formação universitária, tive um sonho muito nítido, que parecia antecipar momentos futuros, embora naquele instante eu não o compreendesse completamente.

Estava no último andar de um edifício, que mais parecia uma grande torre de comando, com suas paredes circulares, de vidro transparente, permitindo uma visão panorâmica de todo o derredor. Via outros imponentes edifícios construídos em volta, uns mais próximos, outros mais distantes.

De repente alguns deles começaram a desmoronar, sem que nada de aparente justificasse sua queda assim inesperada. Não havia sinais de tempestade, vento, terremoto, e tudo parecia bem. Percebi então que o edifício onde me encontrava estava também sob perigo e imediatamente comecei a descer por uma ampla escadaria. Sentia a ameaça próxima, pois muitas pessoas ao meu lado começaram a se desintegrar e a desaparecer.

Acelerei minha descida, chegando finalmente ao andar térreo. À saída, defronte à porta, na rua, um carro com outras pessoas aguardava-me. Todo o clima naquela cidade era agora apocalíptico, e parecia que um grande juízo estava em ato. Partimos imediatamente. Durante o percurso não percebia o caminho, apesar de estarmos na parte traseira do carro, sem qualquer cobertura.

Passado algum tempo chegamos a uma cancela, na estrada, que logo se abriu. Tive de pronto a sensação de que entrávamos numa zona de segurança, onde já não havia ameaça alguma.

Desci do carro e contornei a pé a calçada interna de um amplo pátio ajardinado, de forma quadrada, e dirigi-me a uma porta entreaberta. Vi através dela um ser, conhecido no plano físico, que arrumava uma mesa, cobrindo-a com uma toalha branca. Olhou para mim, sereno e totalmente alheio ao que se passava no mundo lá fora, e sorriu, pois já me esperava.

Ao entrar, senti-me acolhido numa atmosfera de muita paz.

Esse sonho teve uma repercussão marcante sobre mim, e o lado consciente do meu ser experimentou, a partir dele, verdadeira segurança.

* * *

Ao terminar a Faculdade e ainda sem perspectivas sobre o novo rumo a seguir, fui conduzido a uma instituição que possibilitou um importante estímulo em minha vida. Orientada por uma compreensão científico-espiritual do homem, dos reinos da natureza, do planeta, e das energias cósmicas que dirigem o desenvolvimento da humanidade, ali se praticava uma medicina com ampla visão. Abracei de imediato essa nova etapa, como se, perdido em alto mar, me agarrasse firmemente a uma tábua de salvação.

Por meio dos estudos e do trabalho que então assumi foi possível estabelecer, pouco a pouco, uma ligação entre a formação acadêmica anterior e aquela concepção da Medicina fundamentada em conhecimentos espirituais que ressoavam no profundo de minha consciência e eram por ela silenciosamente absorvidos.

Voltei-me cada vez mais a essa formação, dedicando-me unicamente a ela. A vida externa entrou em maior sintonia com a vida interna e muitos aspectos dela começaram a simplificar-se e a unificar-se.

Para aprofundar esses estudos fui levado a diversas clínicas médicas e instituições de pesquisas em outros países, ligadas à mesma corrente filosófica. As portas abriam-se ante meus passos, e por vários anos pude viver intensamente o que me correspondia e se me apresentava. Novas sementes foram lançadas; as energias superiores acompanhavam todo esse movimento e esclareciam-me.

De volta ao meu país de origem, vivi ainda um período de maturação para finalmente interromper, em pleno desenvolvimento, a carreira profissional. Estava partindo para uma etapa completamente desconhecida, com base unicamente na fé, na entrega e na obediência ao Chamado interior.

Para que se caminhe guiado pelo mundo interno não basta que ele nos fale — isto ele não cessa de fazer. Uma pronta resposta às suas sinalizações tem de existir em nós, para que novas portas se abram e novos impulsos possam emergir. Se não se obedece com rigor ao que nos é transmitido, a energia recolhe-se, aguardando novos ciclos de oportunidades. Sem vivermos o que nos é ofertado por esse mundo interno não saímos do lugar, permanecendo no plano superficial das experiências humanas.

Um pequeno filete de água que emerge desconhecido de dentro da terra tem sempre como destino o mar distante, mas lá não chega se não se alarga continuamente ao longo do trajeto, se não recebe outras águas. Um rio só segue seu percurso se não retém o caudal que lhe foi dado, se o deixa fluir livremente, transpondo obstáculos, rompendo resistências e abrindo caminhos desconhecidos. Do mesmo modo, o fluxo de vida que brota em cada um de nós só pode aumentar seu potencial se estivermos sempre abertos, dispostos a nos expandir para deixá-lo passar.

Certas situações que enfrentamos ao longo da existência servem para testar nossa vigilância e prontidão em seguir as indicações internas, em permitir que a consciência se expanda. Assim, como uma prova, foi-me dado um sinal claro e preciso acerca de uma decisão a tomar.

Sonhei que saía de uma festa que se realizava num subsolo e subia as escadas em direção à superfície. Do lado de fora reinava uma noite profunda, pura, leve e acolhedora; os reflexos das luzes artificiais, bem como o eco das músicas e vozes que vinham de baixo, ficavam cada vez mais para trás. Pouco depois, caminhando em minha direção, divisei duas pessoas com as quais mantinha, na época, fortes vínculos humanos. Ao aproximarem-se, senti em seus olhos um insistente apelo convidando-me a voltar para a festa. Reconheci que estavam fazendo um movimento oposto ao meu e, sem qualquer hesitação, segui em frente, ignorando o desapontamento que essa firme decisão lhes causaria. No meio daquela noite escura, percebia, sereno, uma luz invisível a me guiar.

O grande impulso transmitido por esse sonho permitiu-me desfazer, na vida de desperto, os laços inadequados que ele assinalou e, a partir disso, rumos inéditos abriram-se para mim.

Na nova vida que assumi, resquícios do passado, de conhecimentos solidamente adquiridos, de idéias sobre o mundo e seus mecanismos ainda se faziam presentes. Emergiam para serem continuamente transmutados e atualizados e para darem lugar às genuínas descobertas que se seguiriam, guiadas a partir de um plano superior.

* * *

A biografia humana é para ser transcendida, a fim de que a verdadeira vida da alma e do espírito possa revelar-se. Mas um testemunho pode ser dado para proveito de outros que estejam seguindo caminhos semelhantes. Viver é um serviço e falar o mais impessoalmente possível de aspectos da própria trajetória também constitui um serviço. É por isso que escrevo, e faço-o por obediência interna.

Em serena gratidão abro-me humilde e reverentemente à condução D'Aqueles a quem tudo devo, pois sei que nada me pertence.

Parte II

Etapas iniciais

"Apenas a Luz interior originada nos planos acima do nível da Alma poderá transformar as células materiais do ser humano."

HORA DE CURAR, de Trigueirinho

O laboratório da vida

Ao longo do caminho fui descobrindo, pouco a pouco, que importantes ciclos de oportunidades se nos apresentam, sabiamente guiados por energias e consciências superiores, e que se deve estar muito atento para perceber sua chegada. O decisivo, ao se aderir a eles, é não retroceder durante as delicadas fases de transição que são atravessadas e assumir, no momento certo, o que a si é destinado. Agindo desse modo, o ser pode desenvolver-se, aprofundar-se na Lei do Serviço e contribuir para a elevação dos demais.

Assim, ao perceber o encerramento de uma longa fase de amadurecimento espiritual e humano, e reconhecendo a aproximação de um novo ciclo, transferi-me para uma fazenda onde se iniciava, no plano físico, uma etapa mais madura de um trabalho grupal que, há muito, vinha acompanhando. Nesse núcleo ainda incipiente, sustentado por indivíduos e seres internamente coligados e voltados para uma meta espiritual, seriam lançadas muitas sementes para o futuro da Terra, atraindo-o e de certa forma antecipando-o. Numa vida de muito trabalho, de entrega à condução do próprio mundo interno, sem supérfluos ou distrações, e sem o cultivo dos hábitos humanos que levam ao envolvimento a nível pessoal, hábitos que só fazem retardar o próprio caminhar, cada um de nós podia crescer e expandir-se em consciência.

A esse impulso integrei-me por inteiro, assumindo as tarefas que me correspondiam. Por meio delas fui tendo também oportunidades de convivência intensa com os reinos naturais, com os quais tinha que lidar diretamente. Compreendi, a partir disso, que a verdadeira comunhão com eles só pode realizar-se pela nossa total adesão a um Plano superior que a tudo rege, e pela pureza de nossas intenções. Somente assim, à medida que assimilamos e vivemos o que nos é dado conhecer e nos preparamos para perceber os passos seguintes, os aspectos ocultos da Natureza e seus processos vão-nos sendo desvelados.

* * *

Para possibilitar a manifestação dos impulsos superiores que nos chegavam por diferentes vias, criou-se na fazenda, a partir de certo momento, uma estrutura externa material e humana, que serviu também como importante campo de aprofundamento de nossos contatos com o reino vegetal. Indivíduos internamente coligados com essa tarefa foram sendo atraídos. Nosso único propósito era o serviço voluntário e desinteressado, voltado ao cumprimento do Plano Evolutivo, sem expectativa de realização pessoal e sem vínculo com qualquer forma de comércio. Medicamentos vegetais simples começaram a ser elaborados, visando apoiar a liberação interior dos que estão no caminho espiritual, e eram distribuídos gratuitamente aos que os solicitavam.

Usávamos dinamizar as substâncias — segundo o método tradicional da escola homeopática e de outras — para conseguir preparados mais sutis. A partir do momento em que essas atividades de dinamização se intensificaram, notei que, independentemente do horário em que eram feitas, me acometia uma sonolência muito grande, obrigando-me a um esforço contínuo para permanecer com a consciência dentro do corpo. Via que às vezes ela fugia por frações de segundos, voltando em seguida. Constatava então que o corpo físico ou interrompera seus movimentos ou seguira com movimentos autônomos. Durante essas curtas ausências, percebia seres e atividades, como se contatasse um plano onde, parecia-me, existia um laboratório sutil. Tudo se dava de modo muito rápido e pouco nítido.

Certa vez, pela manhã, durante um processo de dinamização, com os sentidos internos vi-me diante de um ambiente totalmente escuro, de cujo "teto" descia um fio com um interruptor na ponta, ele próprio pouco visível. Essa visão fazia-me compreender que a escuridão não existe de fato, que não adianta lutar humanamente contra ela, bastando apenas ligar o "interruptor" para que a luz interior se revele.

Quando os nossos corpos passam a ser instrumentos de energias elevadas, precisam desenvolver um mecanismo interno mais dinâmico, um mecanismo que permita a circulação mais fluente dessas correntes energéticas. Esse desenvolvimento vai ocorrendo gradualmente e, até que um novo sistema esteja instalado, a sonolência é um dos meios de afrouxamento dos corpos sutis[1]; leva-os a permanecerem abertos, para que o contato interno se dê sem interrupções. Todavia essa fase do sono vai sendo em geral substituída por outra, de maior clareza e de percepção permanente da vida nos planos imateriais, em que pode surgir um espontâneo estado de vigília.

Aquele que está sendo levado a um aprofundamento dos contatos com o mundo interior, aquele que os tem como prioridade, deveria, diante de uma repentina sonolência, obedecer a esse impulso e não lutar contra ele. Muitas vezes basta que se recolha por cinco ou dez minutos. Esses poucos momentos poderão parecer, para seu consciente, horas de sono, e ele se encontrará em seguida em outro estado. Além disso, depois desse tipo de sono, muita coisa pode tornar-se mais clara.

O correto é seguir o movimento que o mundo interior está indicando, mas sempre visando ao aperfeiçoamento do serviço a ser prestado, e não ao aperfeiçoamento individual em si. Cada fase tem suas necessidades, e estas deveriam ser respeitadas e supridas, do mesmo modo que um cuidado especial é devotado a uma planta que está germinando.

Assim, ao viver essa sucessão de etapas no caminho do encontro com a própria essência interna, pode-se entender que o ser que se entrega à vida de oração e contemplação, e além disso assume externamente um ritmo condizente com essa entrega, está, na realidade, entrando em um laboratório no qual seus corpos se prestarão a funcionar como instrumentos de transmutações profundas, sublimes e ocultas. A partir de então, a própria lei cósmica poderá atuar interiormente por intermédio dele, transformando elementos, redimindo a matéria, salvando e curando o planeta.

Cada componente de um grupo a serviço tem sua própria nota a soar, e, na medida em que o permita, seu ser interno pode expandir-se, incluindo tarefas e responsabilidades cada vez mais amplas. E, para os que assim avançam, não há melhor companhia que a humildade — já que a entrega e a fé são o próprio caminho.

---

[1] Corpo etérico, emocional e mental.

A luz oculta das células

As energias trazidas por um autêntico instrumento de cura, seja ele qual for, abrangem um espectro de vibrações do qual cada indivíduo irá absorver a faixa que lhe corresponde. Essa filtragem é feita pela consciência interna do ser, que permite a penetração em sua aura somente dos impulsos que lhe forem adequados. A abertura para transformações, a ausência de expectativas e a fé são condições imprescindíveis para que ele usufrua amplamente e sem riscos os seus benefícios.

Pouco valor têm os fatos externos em si, quando encarados como se estivessem desconectados da realidade interior. A vida interna floresce e lança sublimes sementes. Porém, elas raramente encontram solo fecundo e, quando acolhidas, poucas vezes são regadas com a entrega e a devoção. Grandes oportunidades estão-nos sendo sempre oferecidas, a despeito das parcas respostas que possamos dar-lhes; cada vez que um homem deixa germinar uma semente, compensam-se milhões que não se dispuseram a fazer o mesmo. No mundo dos valores sutis, são outras as medidas. Nele não há pressa; há profundo conhecimento, há unificação; nele, vida, ser e expressão fundem-se num único veio de amor.

* * *

Em um processo de purificação de um ser humano é possível atuar diretamente na desobstrução dos espaços intercelulares, o que repercute numa maior circulação das correntes etéricas, facilitando a liberação da luz interior de cada célula. Dão-se duas correntes que se influenciam mutuamente: tanto a desobstrução dos espaços intercelulares permite a liberação da luz interior das células por meio da luz que as correntes etéricas podem transportar, quanto o despertar das células auxilia na desobstrução desses espaços por meio de um movimento vibratório que faz com que os resíduos neles cristalizados se fragmentem.

Há hoje uma tentativa por parte da Hierarquia espiritual de alcançar a consciência do homem terrestre e de implantar, ainda neste ciclo, métodos de harmonização e de cura que poderão ser empregados de modo mais amplo apenas em um ciclo futuro do planeta. Todavia, a fase de transição deve ser vivida, e é nela que estamos agora imersos. O homem resgatável[1], ainda que sob as influências impostas pelo código genético DNA, já recebe os impulsos positivos do novo código, o GNA[2], que traz em si vibrações de mundos onde a vida se expressa em estados imateriais, livres do carma material e da hereditariedade. Abrir caminhos para esses impulsos representa, portanto, um importante passo na sutilização da consciência da humanidade terrestre como um todo.

O livre-arbítrio, utilizado pelo ser humano de maneira incorreta durante encarnações seguidas, fez com que os espaços intercelulares do seu corpo físico fossem gradualmente preenchidos por toxinas que ali se cristalizaram. Essas substâncias correspondem às escolhas por ele realizadas, escolhas que não o conduziam ao caminho ascensional, mas, ao contrário, o faziam regredir a estágios mais primários. Por outro lado, as escolhas que o levavam adiante na senda da luz repercutiram positivamente em seus corpos, trazendo-lhes lampejos da harmonia dos mundos internos, o que se dava, porém, em muito menor proporção.

Concomitantemente, em toda a humanidade ocorreu uma compactação do corpo etérico, o que tornou o corpo físico ainda mais denso, e apartou gradativamente o homem da realidade dos planos internos da vida. Essa compactação etérica foi importante para que o processo cognitivo pudesse instalar-se na humanidade por meio dos sentidos externos materiais, e a tornasse assim capaz de encontrar conscientemente o caminho de retorno à origem — conquista necessária dentro da lei do livre-arbítrio. Entretanto, o já precário estado dos corpos no que se refere às condições dos espaços intercelulares foi agravado com essa compactação,

---

[1] **Homem resgatável.** Habitante da órbita psíquica da superfície da Terra, em seus vários planos de consciência, que pode responder positivamente ao grau vibratório a ser instalado no planeta após a purificação global já em ato. Vide A HORA DO RESGASTE, de Trigueirinho, Editora Pensamento.

[2] **Código genético GNA.** Novo código genético que está sendo implantado na presente raça humana, a partir dos planos sutis, por consciências cósmicas. Vide OS JARDINEIROS DO ESPAÇO e ERKS — *Mundo Interno*, de Trigueirinho, Editora Pensamento.

e parte do material depositado nesses espaços introduziu-se nas próprias células, afetando, com o decorrer do tempo, o desenvolvimento do código genético DNA, que por isso deixou de atingir o ápice para ele previsto durante sua criação.

Atualmente, o corpo etérico planetário já está sendo descompactado, o que se faz perceber pelo surgimento de uma "radioatividade" (simbolicamente falando) maior em todos os reinos. Essa descompactação permite ao homem resgatável liberar os espaços intercelulares de seu corpo, equilibrando desse modo parte do carma da humanidade e preparando o corpo físico para o acolhimento das vibrações imateriais criadoras do código genético GNA.

O homem resgatável que assume voluntariamente colaborar no processo de purificação dos seus corpos está, em realidade, cumprindo sua parte numa tarefa que foi designada à humanidade como um todo. É um trabalho que se faz na matéria, trabalho de preparação para ciclos futuros do planeta, e não pode ser levado adiante sem que a consciência espiritual esteja presente e ativa.

Deve-se, porém, ter cuidado para que o indivíduo que se submete a processos de purificação não se fixe nos instrumentos que porventura sejam usados para facilitá-los (como medicamentos, banhos e outros procedimentos), cristalizando-se em formas externas e tornando assim mais lento o seu caminhar interior.

Muitos deixam de dar passos evolutivos significativos por acomodarem-se a esses métodos e também a padrões de vida e de comportamento que eles supõem reais, padrões que, acreditam, não deveriam romper. Precisariam levar em conta que mesmo o que de maior valor tenha sido conseguido em certa etapa do caminho evolutivo tem de ser transcendido por meio do desapego, para que se alcance a fase seguinte.

A desobstrução intercelular é hoje importante, principalmente no cérebro e nas demais partes do sistema nervoso do homem resgatável. Purificados, os circuitos compostos pelos nervos permitirão um contato mais efetivo do eu consciente com o mundo interior, condição fundamental para que a luz de cada célula possa revelar-se em maior proporção. É o nível onde a consciência externa do ser está polarizada que determina, em grande parte, a qualidade da energia que circula no seu corpo etérico.

Assim, para que a Luz do ser interior possa projetar-se no veículo etérico e dinamizar a luz das células, é preciso que o eu consciente estabeleça a ligação entre um nível e outro. Ele constitui o elo, é o instrumento do espírito atuando no mundo das formas.

Ajustando a sintonia

O corpo físico do ser humano é um veículo que foi construído cuidadosamente através de éons, num tempo cuja duração supera a capacidade de percepção da mente concreta. Nesse corpo está simbolicamente impresso o fluir das correntes de vida, que criam e dissipam tudo o que se manifesta. Por ele muitos mecanismos de transformações perfeitos e irreproduzíveis são realizados. Além disso, inúmeras funções são desempenhadas pela consciência elemental que o rege, sem que delas a mente necessite ocupar-se. Como instrumento de serviço, o corpo físico, juntamente com o corpo emocional e o mental, foi idealizado para funcionar em completa harmonia com a tarefa que o homem deveria cumprir nos planos materiais. Essa tarefa, porém, não chegou a ser reconhecida, o que se tornou a principal causa de tantos males que, em todos os planos de consciência, esses veículos apresentam.

Para que um verdadeiro trabalho de cura possa ocorrer, primeiro deve-se ter a clareza de que o ser humano não foi feito para seus corpos, mas que os corpos, sim, é que foram feitos para servir a ele na tarefa que lhe cabe dentro do Plano Evolutivo. Assim, um trabalho de cura conduzido pelo mundo interno jamais poderia estabelecer suas bases se visasse unicamente a saúde desses veículos. A própria energia que vivifica um curador em formação irá estimulá-lo a reatar sua ligação com a meta, com a tarefa que lhe foi designada pelo espírito.

É na ligação ininterrupta do homem com o seu próprio espírito que a verdadeira cura está fundamentada. Entretanto, deve-se levar em conta que mesmo que o homem vivesse de acordo com a Lei, e mesmo que o ambiente planetário fosse o mais adequado possível para que isso se desse, ainda assim seriam necessários reajustes cíclicos na vibração dos seus corpos, a fim de que se adaptassem às mudanças que normalmente se operam, com a evolução, nos níveis que lhes correspondem.

A matéria físico-etérica, astral e mental tem em sua constituição a inércia. Tende, pois, a permanecer no estado em que se encontra, o que torna fundamentais as "crises" — único meio para que se deixe permear por uma vibração superior —, crises estas que se expressam nas mais diversas formas de dores, sofrimentos e distúrbios. Somente em mundos onde a consciência do homem está desperta, esta conduz internamente todos os reajustes requeridos sem a manifestação de tais reações.

Ao dar início à implantação do trabalho que tínhamos sido chamados a realizar, fomos percebendo que o que ia surgindo por seu intermédio era fruto de impulsos espontâneos, originados em níveis bem acima dos humanos. E vimos, desde o princípio, que assim ele deveria prosseguir, livre de quaisquer motivos ou interesses materiais. Por isso, jamais tivemos a intenção de criar uma estrutura com finalidades comerciais como uma clínica, uma indústria de medicamentos, ou algo semelhante. Sentíamos, como muitos, tão-somente o dever de manter viva na superfície deste planeta a pura chama interior e, para isso, mesmo que uma brisa passasse longe sem parecer querer apagá-la, nossa tarefa como guardiães seria a de fechar as portas, preservando a chama.

Se não houver cristalinidade no que nos dispomos a realizar, se quisermos usar para a satisfação de apetites materiais o sublime maná que os céus nos doam, se quisermos manter e alimentar conceitos já conhecidos, como os novos e verdadeiros conhecimentos poderão permear nossa consciência?

Somente depois que a vida revela o veio em que o ser deve banhar-se, é que ele pode descobrir a água que lhe saciará a sede e lhe purificará os corpos, deixando transparecer a luz do espírito.

Raríssimos são os grupos dedicados à cura que têm consciência da realidade dos mundos superiores e sabem que a tarefa da energia de cura é ajustar a expressão externa do ser à vibração desse lado interno da vida. Tais grupos devem ser preservados do viver comum e dos hábitos distorcidos da sociedade atual, para que, em seu desabrochar e em seu desenvolvimento, possam cumprir o propósito para o qual foram criados.

Pode-se dizer que a energia de cura é autoconsciente, pois na verdade ela é expressão de uma consciência que tenta realizar uma obra específica no mundo material: penetrar todos os espaços e permear todas as partículas, remodelando-as segundo a idéia divina. Aos seres que se abrem a essa energia como uma forma de serviço, pede-se contínua vigilância, prontidão e entrega. Uma das funções por ela exercida é interagir com a essência de cada indivíduo de modo que desse relacionamento possa criar-se a possibilidade de transformações profundas. Para isso, esse serviço tem de ser abrangente; os grupos que o prestam devem possuir inúmeros olhos para ver a que meta cada ser deve chegar; devem possuir inúmeros ouvidos para escutar o clamor da necessidade antes mesmo que se torne explícito, e, também, inúmeras mãos para ir ao seu encontro.

Essa energia pede hoje mais espaço no planeta, não tanto no sentido de que os grupos e indivíduos dedicados à cura realizem mais obras físicas, mas no sentido de que despertem, de que entrem em sintonia com algo que fala e falará por muitos sinais. É o momento de mais efetivamente ajudarmos na consagração da matéria. E isso somente se dará se focalizarmos os níveis onde a energia sagrada existe.

As necessidades dos corpos de um homem que esteja sob a luz da própria mônada[1] ou da Hierarquia diferem daquelas de um homem identificado com a matéria. Há seres cósmicos, ligados ao trabalho de cura interior, que lidam com o aperfeiçoamento da manifestação do indivíduo, conduzindo-o ao arquétipo que lhe corresponde; são eles que, neste final de ciclo, estarão trabalhando mais diretamente com os homens resgatáveis. Mas há também outros, da mesma linha de cura, que realizam esse trabalho com grupos, com raças, com planetas, com sistemas solares e com galáxias.

O Infinito abre-se, desvelando caminhos aos que decidem trilhá-los.

---

[1] **Mônada**. Núcleo de consciência do ser em níveis profundos. Guarda as chaves de coligação com a vida cósmica. O contato com a própria mônada representa um dos mais importantes conseguimentos para a evolução do homem atual.

Dinamização das substâncias: considerações gerais

Algumas considerações sobre o processo de dinamização foram emergindo em meu ser, à medida que vivia as experiências de preparar os medicamentos, que observava seus efeitos, e, sobretudo, seguia os sinais internos que aos poucos se tornavam mais familiares ao meu eu consciente.

O conhecido método de dinamização, intuído há aproximadamente 200 anos, por Hahnemann[1], era adequado para a época em que o corpo físico e a consciência dos seres estavam mais densos. Ciente de que o plano etérico planetário não apresenta hoje a mesma compactação do passado, de que o afrouxamento da rede etérica já teve início tanto na humanidade como nos demais reinos da Natureza, via que uma atualização do método de dinamizar assumia um caráter realmente essencial para a continuidade do trabalho.

Para dinamizar uma substância, ou seja, para liberar seu potencial energético-terapêutico, por meio desse método aqui chamado de *Método de Diluição/Dinamização Serial — Método DDS*, procede-se da seguinte maneira: toma-se uma parte da substância (em forma de extrato líquido ou de pó) a qual se dilui em 9 partes de um meio líquido ou sólido, respectivamente. No caso dos sólidos, tritura-se em seguida a mistura num almofariz de porcelana durante uma hora e tem-se, no final, a dinamização D1 (1ª dinamização decimal). Toma-se, a seguir, uma parte desse produto dinamizado (D1), mistura-se novamente a 9 partes do diluente e tritura-se

---

[1] **Samuel Hahnemann** (1755-1843). Médico alemão, criador da homeopatia.

por mais uma hora, obtendo-se a dinamização D2 (2ª dinamização decimal). Da D2 toma-se uma parte e dilui-se em 9 partes do diluente; depois de triturada, obtém-se a D3, e assim sucessivamente. No caso de uma substância líquida, esta é diluída em água destilada e agitada ritmicamente durante alguns minutos, obtendo-se a D1; segue-se com o método da diluição e dinamização, como nos sólidos.

Usando-se a escala centesimal, ou seja, diluindo-se progressivamente a solução ou o pó de 1:99, obtém-se analogamente C1, C2, C3, etc.

Tanto a trituração como a agitação rítmica são procedimentos que liberam pelo atrito o potencial energético da substância para o meio diluente, que o absorve. É como se abríssemos uma caixa de música que a cada dinamização soasse uma melodia mais sutil.

O que hoje se sabe sobre essa liberação da energia é apenas o início de um vasto campo de conhecimento e de serviço que estará disponível ao homem no ciclo futuro. Diz respeito ao trabalho no mundo sutil, trabalho que envolve a interligação da forma com a essência por meio da *reordenação de padrões vibratórios*. Aqui também está incluído o trabalho com o som e com as leis construtoras do plano etérico.

Algumas correntes médicas que lidam com substâncias dinamizadas orientam, no caso da trituração dos sólidos no almofariz, a execução dos movimentos do pistilo em sentido horário. A princípio assumimos essa orientação, porém, a partir de certo momento, passamos a adotar o sentido oposto. Segundo o que nos foi dado compreender, o sentido horário confirma o estágio mental do homem, pois o tempo cronológico é uma criação da mente. Simboliza a evolução em ritmo natural, e o sentido anti-horário, a evolução em ritmo transcendente, em coligação com energias solares, o que é uma característica do processo daqueles que buscam transcender o ritmo natural da evolução terrestre e assim servir ao Plano Evolutivo.

Durante a dinamização, grande parte da carga energética da substância é trasladada para subníveis do plano etérico (etérico-físico ou etérico-astral, dependendo da dinamização). É por meio desse potencial etérico que a substância atua em níveis mais profundos.

Nesses planos ela interage com outros elementos, alguns existentes apenas ali e desconhecidos, portanto, da ciência ortodoxa atual. Essa interação é uma das causas de uma mesma substância dinamizada produzir efeitos diferentes em indivíduos diferentes, ou às vezes não produzir efeito algum.

É conhecido o fato de que uma substância material — que é composta de elementos químicos combinados segundo um padrão determinado —, ao ser introduzida no organismo humano, acrescenta-lhe sua própria nota vibratória; se for uma substância dinamizada, atuará mais intensamente nas esferas sutis do ser. Mas o que normalmente não se considera é que na aura do ser ela encontrará outras substâncias (que não existem no plano físico) e, como se disse, entrará em interação com elas. Como a presença e a intensidade dessas substâncias sutis variam de um indivíduo para outro, os efeitos dos medicamentos também podem variar.

Nos escritos de Mestre Morya há referências acerca de uma substância[2] gerada pela irritação e acerca da nocividade de sua presença no organismo.

Como esses fatos se mostram apenas à visão clarividente (mecanismo nem sempre disponível), será por meio da intuição que o curador saberá como proceder em cada caso. Não é preciso que ele tenha informações precisas a respeito de todos os detalhes de determinada conjuntura (isso nem mesmo seria possível) —, basta que se abra como um canal d'Aqueles que sabem e fazem, os Curadores do grupo interno do qual sua mônada é parte.

É pelo fato de cada órgão do corpo humano ter seu próprio padrão energético — ligado a um Raio[3] e a um planeta específicos — que um elemento ou uma substância agem em um órgão e não em outro, respondendo à ressonância vibratória. Muitos povos antigos tinham conhecimento dessa realidade e também na alquimia ela é considerada.

No processamento laboratorial de medicamentos pelo método da dinamização, tanto a trituração dos sólidos quanto a movimentação rítmica dos líquidos ativam a dinâmica interior no núcleo das partículas materiais. Porém, para que a luz que esse núcleo abriga possa verdadeiramente liberar-se no medicamento, é necessária uma energia catalisadora. Quanto mais purificado de certos obstáculos esteja o ser humano encarregado desse processamento, quanto mais aberto esteja aos seus níveis internos, mais suas mãos serão vias de irradiação da energia do centro cardía-

---

[2] Substância chamada por ele de "Imperil"; vide livros da Série Agni Yoga, tais como AGNI YOGA e CORAÇÃO, publicada pela Fundação Cultural Avatar, Rio de Janeiro. A Agni Yoga Society, Inc., encontra-se em New York.

[3] **Raios**. Correntes de pura energia provenientes do cosmos, básicas para a manifestação da vida em todos os níveis de existência. Emanam de uma Fonte Única e estão presentes em tudo, desde a mais ínfima partícula até incomensuráveis aglomerados estelares. Vide nota na página 96 e A ENERGIA DOS RAIOS EM NOSSA VIDA, de Trigueirinho, Editora Pensamento.

co, energia penetrante e expansiva, e, portanto, adequada para provocar essa liberação da luz do interior dos átomos de substâncias curativas.

Há uma passagem do livro AURORA — *Essência Cósmica Curadora*[4] que menciona o poder dessa energia do centro cardíaco:

> "Certas pedras que foram 'queimadas' pelas naves intraterrenas e extraterrestres tornaram-se tão duras que nenhuma força física as pôde quebrar. Pesquisadores japoneses puseram-nas a 4.000 graus de temperatura e submeteram-nas a potentes serras elétricas, sem conseguir parti-las... Uma dessas pedras queimadas, que não se deixava cortar por nenhuma técnica humana, partiu-se sem a menor resistência quando uma pessoa amorosa a aproximou do seu peito, pousando-a sobre o coração. Quanto mistério há no coração!"

Se uma dinamização é feita por meios mecânicos, ela perde em parte seu valor sutil, atuando predominantemente nos níveis mais densos do indivíduo. Se é feita por um ser humano sem conexão consciente com a vida interior, ela tem um relativo valor. Sua potencialidade encontra-se plenamente expressa, todavia, quando esse ser está sintonizado com a vibração de planos supramentais e realiza a tarefa como uma doação.

A precisão na observância das normas externas de dinamização de uma substância é essencial. No entanto, se uma atitude de abertura ao supramental estiver presente naquele que a manipula, uma atitude de oração desinteressada, que nada dirige e nada pede, então, o tempo de dinamização poderá ser reduzido até a um terço, sendo que o tempo necessário em cada caso poderá ser percebido internamente. Quem o manipula, estando na sintonia correta, saberá reconhecê-lo.

Sabemos que o tempo é relativo. A própria ciência terrestre afirma que ele transcorre diferentemente quando se está em movimento ou parado, quando se está mais próximo ou mais afastado da superfície da Terra.

O fator tempo no processo de dinamização também não é fixo e, em um trabalho que busca a conexão com níveis suprafísicos, trabalho que é, ele próprio, um canal para expressão desses níveis, não se deve ter uma regra única para todos os casos.

Ordem, disciplina, precisão nos detalhes, amor e desapego são, porém, necessários, ainda que sem qualquer rigidez. Dependendo dos fatores presentes, uma dinamização pode requerer maior ou menor tempo. A

---

[4] De Trigueirinho, Editora Pensamento.

única forma segura de se obter essa informação é percebendo-se a vibração que a substância dinamizada emite, o que pode ser transmitido ao indivíduo diretamente pelo seu próprio mundo interno e intuitivo, contanto que ele se mantenha em atitude correta de elevação de consciência.

Deve-se levar em conta, ademais, que cada formulação tem um horário ideal para ser elaborada, pois seu processamento está ligado ao movimento de fluidos etéricos, e sabe-se que no transcurso de 24 horas as condições etéricas terrestres modificam-se consideravelmente. Portanto, deve-se procurar perceber o horário mais adequado para o preparo de cada medicamento, a fim de que sua interação com os planos sutis e com a energia cósmica seja levada ao ponto máximo.

Em alguns casos, as primeiras horas do dia, antes do alvorecer, são as mais adequadas. Nessas horas há um fluxo magnético em direção à luz que está por surgir na esfera material. Esse fluxo interage com os elementos sutis da substância que está sendo dinamizada, plasmando-a segundo o movimento do seu vórtice energético.

Já o período que vai do crepúsculo ao amanhecer — até as primeiras horas, ainda sem luz — é mais adequado para o preparo de medicamentos não dinamizados e que se destinam a casos crônicos, cujos nódulos geradores de desequilíbrio estejam "encistados" na aura do paciente; tais medicamentos demandam que a substância ativa, macerada ou não, permaneça de molho em água pura ou em outra solução líquida. Há casos, também, em que o medicamento deve ser exposto à luz da Lua. O período da noite geralmente não é indicado para processamentos que exijam movimentos, tais como agitação ou trituração.

O número de dinamizações é também fundamental, não apenas porque é um dos fatores que determinam o grau de sutilização que se obtém, mas também porque esse número pode estar em sintonia com certos arquétipos internos que definem expressões materiais. Esse número deve, pois, gerar qualidades específicas nos preparados, tornando-os adequados a esse ou àquele tratamento. Cada momento interno do ser vibra em sintonia com determinadas idéias criadoras, e estas refletem-se em números e símbolos. Cabe ao curador estar aberto a percebê-las.

É essencial a polarização correta da energia naquele que lida com tais processos sutis e, sempre que possível, devem abster-se de entrar em contato com os vegetais que serão utilizados pessoas que tenham um relacionamento com as plantas baseado em "energias abdominais", ou seja, pessoas que as vêem sobretudo como alimento ou que emitem sobre elas alguma carga emocional. Nessas condições o potencial sutil do vegetal fica muito reduzido e sua doação, naturalmente incondicional, é desvirtuada por um sentido de usufruto que lhe é impregnado e age muito mais profundamente do que podemos perceber. Não fosse a proteção dada aos vegetais na maioria das vezes pelo reino dos devas, muitas espécies estariam hoje completamente degeneradas.

Ao se prescrever um medicamento sutil, deve-se considerar também as condições nas quais ele foi feito. Mesmo que a receita seja a mesma, um medicamento preparado, por exemplo, em uma farmácia de uma cidade grande, poluída, e outro, preparado num local harmonioso, onde se busca expressar a vida do espírito, não são iguais. Além do grau de pureza magnética do local em que são elaborados e das pessoas que os manipulam, deve-se ainda levar em conta a atitude de doação não só na produção, mas também na distribuição dos medicamentos.

Sabe-se que a atitude de doação é essencial para a intensidade e efetividade da ação dos medicamentos. Rudolf Steiner[5], há 70 anos, disse, já naquela época, que eles deveriam ser gratuitos, pois se o fossem teriam maior atuação. Porém, como muitas outras idéias e instruções superiores, esta não foi seguida na civilização atual.

Assim, um medicamento deveria ser ministrado segundo o potencial energético que traz, potencial que varia de acordo com as condições descritas. Sabemos que o reino humano teria um papel fundamental na presente época, em que a sutilização da matéria, da substância matriz dos planos da existência terrestre, se faz perceber cada vez mais evidentemente. Quanto mais pura for a atitude daquele que manipula as substâncias, quanto mais entregue às energia superiores ele estiver, quanto mais perfeito for o seu estado de oração, tanto mais ele estará coligado às verdadeiras fontes internas de cura, servindo de canal para que os impulsos renovadores delas advindos possam chegar aos veículos materiais do homem, transformando-os e elevando-os.

No entanto, na busca da atitude correta, de nada serve querer adiantar-se a um processo que tem suas próprias leis, seu próprio desenvolvimento, que é internamente guiado e não-influenciável pelo lado externo do ser. Reconhecendo isso, fomos aprendendo a estar em contínua prontidão e abertura, a esperar e a não nos inquietarmos.

---

[5] **Rudolf Steiner** (1861-1925). Fundador da Antroposofia, deixou ensinamentos em diversos setores da vida humana terrestre. Buscou levar os homens a aproximarem-se dos mundos internos, tendo como segura referência o percurso que ele próprio trilhou e deixando-lhes indicações precisas de como assumir, cada um, seu próprio caminho nesse sentido.

Alquimia vegetal

Em dado momento do trabalho comecei a empenhar-me na elaboração de cinzas vegetais para a composição de preparados remineralizantes, pois havia algum tempo tinha percebido a necessidade de se criar um preparado para servir de complemento mineral para os corpos físicos. Foi quando abri certo dia, ao acaso, o livro A FORMAÇÃO DE CURADORES[1] que acabara de me chegar às mãos, e li:

> "Muitas vezes torna-se necessária uma ação drástica para interromper um ritmo degenerativo. Nesses momentos, é preciso fortalecer o instrumento a ser harmonizado, ministrando-lhe um substrato adequado para ancorar o fogo purificador.
>
> Os minerais devem ser evitados, e o curador sabe os motivos, pois também ele percorre a senda da libertação. No reino vegetal ele encontra todas as combinações necessárias, e com os fios desse reino tece o manto de proteção.
>
> Nós chamamos o reino vegetal de Laboratório da Luz. É belo ver a vida libertar-se!"

Percebi logo uma sintonia interna com esse impulso, e o vi como parte da pesquisa.

Os sais minerais da terra, quando são absorvidos pelas raízes das plantas, passam por uma transmutação ao transformar parcialmente cadeias moleculares e incorporar seus elementos químicos ao campo vibra-

---

[1] De Trigueirinho, Editora Pensamento.

tório vegetal. Os estímulos energéticos que com isso recebem induzem-nos a um ajuste sutil em sua estrutura atômica, dinamizam-na, além de fazê-los ascender dentro da escala evolutiva mineral. A síntese das experiências realizadas na passagem pelo reino vegetal é registrada na "memória" dos seus átomos, o que os torna, em essência, diferentes daqueles que aguardam o momento cíclico de perfazerem tal caminho.

Em um vegetal encontram-se, pois, sais minerais e elementos que passam por etapas importantes na sutilização e elevação de suas energias. Em termos de qualidade vibratória, estão mais próximos do padrão humano do que seus semelhantes que ainda se encontram no solo, ou que são isolados ou sintetizados em laboratório.

O reino vegetal, como um Laboratório da Luz, está continuamente envolvido na tarefa sublime de ajudar a matéria a erguer-se em direção à Fonte de Vida que a gerou. Cada planta traz em si um potencial para lidar com um conjunto específico de minerais e elementos, podendo ainda "especializar-se" em relação a um deles em particular. Há plantas que lidam mais diretamente com o cálcio, outras com o ferro, outras com determinados sais minerais, o que oferece ao reino mineral, como um todo, infinitas possibilidades de experiências e de ascensão.

As plantas possuem a capacidade não só de elevar os elementos minerais, mas também a de materializá-los a partir de pura energia e a de transmutar em si um elemento químico em outro por meio de leis alquímicas que a ciência humana oficial geralmente desconhece. Essas atividades de transmutação de elementos e de materialização de substâncias são expressas de uma forma muito evidente quando se colocam sementes para germinar.

Uma série de experiências realizadas na década de quarenta por um pesquisador alemão[2] demonstra de maneira clara e simples a capacidade vegetal não só de gerar matéria a partir de pura luz, como também de transmutá-la e dissolvê-la.

---

[2] Experiência realizada por R. Hauschka, publicada no livro SUBSTANZLEHRE, capítulo III, Editora Vittorio Klostermann, Frankfurt am Main (Alemanha), 8ª edição, 1981.

Experiências de germinação em um sistema fechado

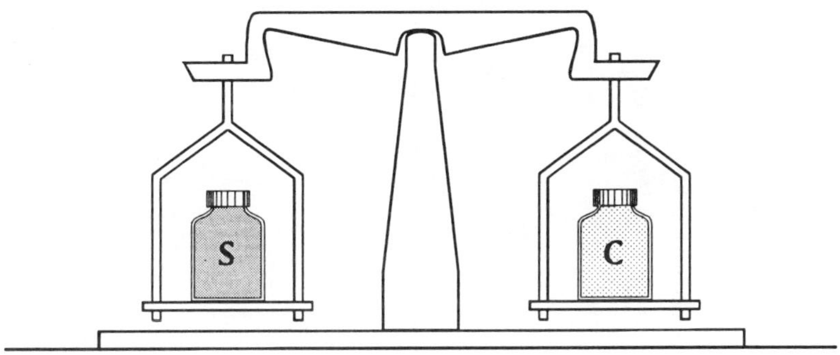

Frascos de volumes iguais contendo:

- sementes em germinação (S)
- contrapeso (C)

Figura 1 (adaptada — fonte: R. Hauschka)

Em um dos pratos de uma balança analítica de alta precisão foram colocadas sementes para germinar dentro de um frasco de vidro hermeticamente fechado, hidratadas apenas com água destilada. No outro prato foi colocado o contrapeso, permanecendo a balança dentro de um abrigo a prova de vibrações, protegido do calor e de correntes de ar. Com o desenvolvimento da germinação, observou-se que o prato da balança que continha as sementes aos poucos se abaixava, indicando nítido aumento de peso. Decorrido certo tempo, o prato começava a subir e ultrapassava o ponto de equilíbrio, a indicar que o conteúdo do frasco perdia peso. Essa experiência, acompanhada durante meses, demonstrava, por essa oscilação cíclica, que dentro do frasco ocorria uma atividade rítmica de materialização e de desmaterialização. (Vide figura 2.)

Em outra experiência, algumas sementes foram colocadas para germinar em um recipiente com apenas água pura, destilada. Após alguns dias de germinação, o processo foi interrompido, as pequenas plantas fo-

Alterações de peso de sementes em germinação, num sistema fechado

Período de 26/Jan a 22/Fev - 1934

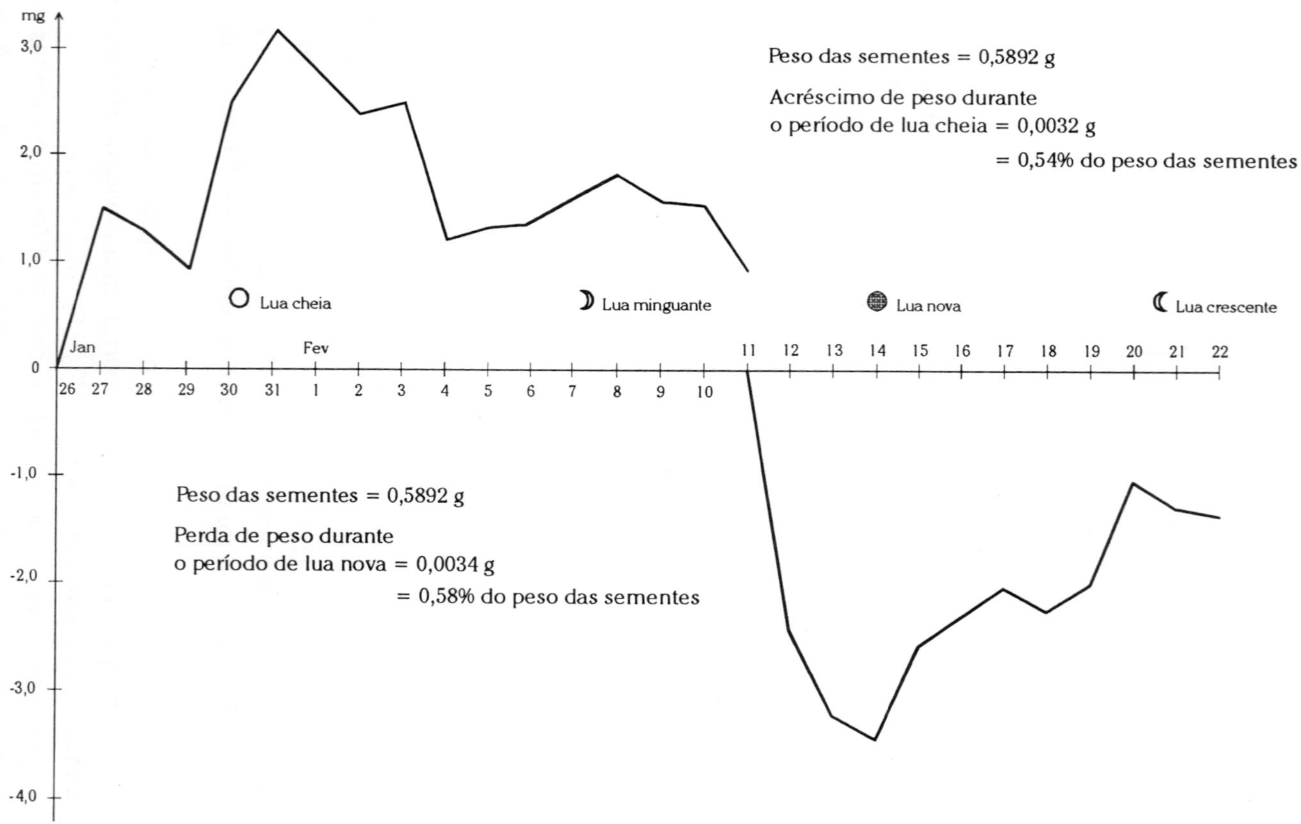

Figura 2 (adaptada – fonte: R. Hauschka)

ram secas, incineradas, e suas cinzas analisadas. Os resultados indicavam que muitos elementos químicos presentes nessas cinzas apresentavam concentrações aumentadas em comparação às das sementes, sem que o aumento pudesse ter sido proporcionado pela água; outros estavam diminuídos, o que, pela lei da conservação da matéria, não seria possível. Tudo isso demonstra, claramente, o potencial criador e transmutador de um ser vegetal.

* * *

Para obtermos de uma planta os sais minerais necessários à elaboração de algum medicamento, podemos submetê-la à incineração. Assim, todas as suas substâncias orgânicas são queimadas, e os sais minerais restantes em suas cinzas retêm na memória atômica de seus componentes químicos, além da síntese das experiências feitas de passagem pelo reino vegetal, a intensa estimulação vivida sob a ação do fogo; tendo rompido certo padrão de inércia de sua matéria, tornam-se muito mais despertos e receptivos a impulsos energéticos superiores.

* * *

A argila apresenta rica composição de sais minerais, dentre os quais se destacam os de Silicea, elemento que lhe confere grande capacidade para absorver vibrações sutis provindas dos mais diversos pontos do cosmos e para estruturar a matéria.

Submetida a um processo laboratorial de calcinação a altas temperaturas, pode-se quebrar a inércia da natureza mineral da argila, transmutando parte de sua energia e elevando sua vibração.

Numa primeira fase desse processo, ela passa por uma intensa purificação por meio do elemento fogo, liberando-se de resíduos orgânicos. A estrutura molecular de seus componentes vai sendo poderosamente estimulada, assumindo após algum tempo o estado líquido, como se revivesse a condição do magma terrestre central; ocorre nessa etapa uma primeira transmutação de sua energia.

Numa segunda fase, a argila, já fria e em repouso, é estendida em um recipiente de vidro, e sobre ela são colocadas sementes para germinar. Inicia-se a partir daí uma interação do campo energético das plantas em desenvolvimento com o da argila, campos que se vão aos poucos permeando e amalgamando. Após sete dias de germinação, plantas e argila são postas para secar e em seguida trituradas e dinamizadas juntas, fortalecendo-se desse modo sua unificação.

Numa terceira fase, essa argila parcialmente vegetabilizada[3] é novamente estendida no recipiente e sobre ela é semeado mais um lote de sementes. A interação gradativa dessa argila com as plantas que estão a germinar avança a outro estágio, e suas energias unem-se ainda mais. Completado novo ciclo de sete dias, argila e plantas são secas, trituradas e dinamizadas juntas, consolidando-se sua fusão.

Dependendo das sementes usadas, os elementos e os minerais da argila são trabalhados de uma forma particular, que os torna mais receptivos e dinâmicos; essa argila fornece as bases para a elaboração de diferentes medicamentos remineralizantes, instrumentos que auxiliam a ancoragem, nos mais densos planos materiais, de potentes energias de cura.

* * *

O cálcio, nos reinos animal e humano, é um dos principais elementos que possibilita a formação do esqueleto, estrutura de sustentação que permite aos integrantes desses reinos erguerem-se do solo e movimentarem-se na superfície do planeta. O animal assumiu a posição horizontal, ao passo que o ser humano atingiu a vertical, expressando desse modo seu grau evolutivo superior.

No vegetal, o cálcio não representa um impulso estruturante e determinante da forma, ainda que participe de sua vida. Por isso, fontes mais concentradas de cálcio não são freqüentes nas plantas. Sendo assim, mesmo que alguns vegetais se tenham especializado em lidar com esse elemento, absorvendo-o do solo, liberando-o de suas cadeias inertes, incorporando-o em si e colocando-o a serviço do animal e do homem, quando é necessário um suprimento maior desse elemento para uma cura, temos de recorrer ao reino animal. Pode ser obtido mais concentradamente nas

---

[3] **Vegetabilizar**. Este termo, embora não registrado nos dicionários, está sendo aqui empregado para caracterizar um processo por meio do qual um elemento, uma substância ou qualquer outro representante do reino mineral são elevados até o reino vegetal, sendo permeados pelo seu campo de forças e passando a apresentar qualidades sutis próprias desse reino.

cascas dos ovos, nas conchas das ostras, nos corais e nos ossos. De todas essas fontes, porém, a primeira é a menos comprometida com a vibração animal; ainda assim, essa vibração pode ser transmutada, pela incineração das cascas, transformadas no final em puras cinzas azul-claras. O cálcio resultante, sob a forma de sais diversos, traz na memória de seus átomos, além da síntese das experiências feitas em sua ascensão do reino mineral até o animal, o registro da intensa transmutação gerada pelo fogo incandescente. Encontra-se também relativamente isento de seu padrão vibratório animal mais grosseiro.

Todavia, para que possa incorporar-se melhor ao organismo humano, como medicamento, o cálcio precisa ainda erguer-se de patamar vibratório. Pode-se conseguir essa elevação por meio da germinação na argila de sementes de nabo, uma planta que lida especialmente com esse elemento, absorvendo-o e introduzindo-o em sua estrutura vegetal. Incorporando-se o pó das cascas de ovo à argila e submetendo a mistura ao processo de vegetabilização descrito, possibilita-se que o campo energético dos brotos de nabo permeiem a argila e o cálcio, transmutando-os e sutilizando-os.

O *Napus composto*, medicamento cuja elaboração se fundamenta nesses procedimentos, fornece, além do suprimento adequado de cálcio, também um elemento material mais desperto e receptivo a impulsos sutis.

* * *

Se incorporarmos ao processo de vegetabilização da argila uma composição de cinzas vegetais ricas em sais minerais (por exemplo, de folhas de mandioca, de guandu, de capim-gordura) e se semearmos nessa mistura sementes de alfafa, procedendo da forma descrita anteriormente, possibilitaremos que o campo energético dessa planta altamente remineralizante permeie cinzas e argila e dinamize o padrão vibratório de seus minerais e elementos, sutilizando sua estrutura atômica e erguendo-os de patamar.

A *Alfafa composta*, produto resultante, não só constitui uma fonte riquíssima e variada de elementos e sais minerais, como fortalece toda a estrutura mineral do ser.

* * *

De modo semelhante obtém-se o preparado *Helianthus composto*, usando-se sementes de girassol no processo de vegetabilização da argila, à qual são acrescentadas cinzas vegetais ricas em fósforo (por exemplo, de folhas de ora-pro-nóbis ou de caruru, entre outras) e também em outros elementos e sais minerais.

Todos esses preparados permitem a ancoragem de potentes fogos purificadores vindos de níveis de consciência mais elevados, e os dirigem para áreas específicas, seguindo o rastro que cada elemento estabelece dentro da organização material do ser, em seu percurso pelo organismo. Constituem assim valiosos instrumentos sutis de cura.

* * *

Para que a energia de cura possa descer aos planos da vida consciente do indivíduo, irradiando-se para toda a humanidade, para que possa romper obstáculos e abrir caminhos na densa matéria terrestre, a permissão tem de ser dada por ele. Isso ocorre quando cultiva a atitude de nada querer e de somente aspirar à entrega. Nenhum obstáculo deve ser confirmado e nenhum compromisso deve haver com aquilo que para si já não é real.

Dinamização das substâncias: uma porta entreaberta

Certo dia, estando concentrado na elaboração de um novo preparado, veio-me a nítida impressão de que nos planos internos eu me encontrava diante de um grande almofariz, semelhante ao que estava usando no plano físico naquele momento. Nele havia um pó para ser dinamizado, no qual percebi, mergulhada, uma chave parcialmente visível.

Antes mesmo de essa impressão desaparecer da minha consciência, compreendi que uma nova chave nos estava sendo dada — ou nos seria transmitida —, chave ainda parcialmente oculta, a respeito da dinamização das substâncias. Veio-me também à mente que ela diria respeito a uma atualização do próprio método de dinamizar.

Havia já algum tempo que idéias sobre esse tema vinham emergindo em minha consciência isoladamente, até que um impulso interno, catalisador, as aglutinou e lhes deu forma.

Ocupava-me internamente com esse assunto, buscando uma atualização dos princípios básicos do método de dinamizar, pois, como já disse, os procedimentos em geral ainda seguem os moldes da época em que foi legado à humanidade, há aproximadamente 200 anos.

As características da energia que atua hoje no planeta diferem muito daquelas dos ciclos evolutivos do passado recente. O aspecto condensador, que antes prevalecia, dá agora lugar a um vórtice expansivo, sutilizador e liberador.

A energia que participa da criação e manifestação do mundo material passa por diferentes etapas até assumir roupagem externa. Partindo de sua origem imaterial, vai-se condensando gradativamente e confere à forma múltiplas qualidades e funções. Completado seu ciclo nos planos mais densos da existência, ela está pronta para liberar-se das cadeias que a prendem a eles e inicia o caminho do retorno ao estado de energia pura. É nesse caminho que se encontram atualmente a humanidade, o planeta Terra, o sistema solar e toda a galáxia a que pertencem.

A energia percorre, portanto, um longo trajeto de condensação e compactação, entra numa fase de reversão e, a seguir, ingressa no caminho de retorno, de sutilização. (Vide figura 1.)

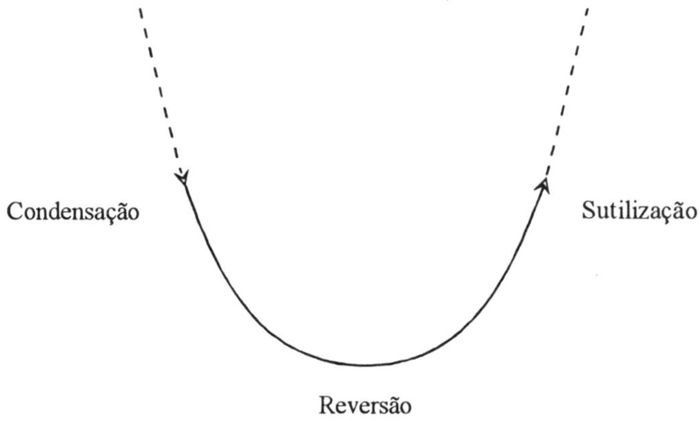

Figura 1

A substância material nada mais é, pois, que energia condensada. Há diferentes possibilidades de liberar essa energia quando se quer usá-la para a elaboração de algum medicamento sutil. Uma delas é o método da dinamização criado por Hahnemann.

O desdobramento da energia da substância, ou seja, sua liberação e expansão por meio desse procedimento, Método DDS[1], não se dá de uma forma linear, mas sim por "saltos". Esses saltos são expansões dentro de

[1] **Método de Diluição/Dinamização Serial**. Vide página 47.

um mesmo nível de energia, ou expansões de um nível para outro, e manifestam qualidades específicas. No primeiro caso, essas qualidades mantêm certa semelhança entre si, pois a expansão se dá no mesmo nível; no segundo, elas mudam em essência. Os padrões vibratórios tornam-se cada vez mais sutis à medida que a energia se expande.

Isso se dá da seguinte forma: a energia liberada em cada nível, pelo Método DDS, alcança determinado limiar, onde vai sendo tensionada e dinamizada, ou seja, vai tendo seu padrão vibratório acelerado e energizado até chegar a um estado de tensão que lhe permite saltar ao patamar superior, onde então apresenta qualidades diversas das anteriores. Continuando o processo, a energia é tensionada no limiar seguinte, até passar ao nível subseqüente. E assim, de patamar em patamar, ela vai-se expandindo, seguindo a ordenação interna própria de cada substância e de sua correspondente estrutura molecular e atômica.

Uma série de experiências realizadas por um pesquisador alemão[2] demonstram claramente a ação de tais substâncias dinamizadas e o seu desdobramento "não-linear".

Nessas experiências ele usou leveduras[3] vivas como objetos de teste. As leveduras, ao se alimentarem de uma solução açucarada, decompõem o açúcar, produzindo álcool e gás carbônico. Este gás pode ser coletado e medido em um frasco graduado (eudiômetro); como sua produção é diretamente proporcional à intensidade da atividade biológica das leveduras, esse procedimento é um meio de avaliá-la.

Sobre uma mesa redonda, rotativa, são colocados 30 a 50 de tais frascos, um ao lado do outro, com levedura e uma solução glicosada para ser fermentada (vide figura 2).

---

[2] Experiências realizadas por L. Kolisko e publicadas no livro SUBSTANZLEHRE, de R. Hauschka, capítulo XVII, Editora Vittorio Klostermann, Frankfurt am Main (Alemanha), 8ª edição, 1981.

[3] **Leveduras ou levedos**. São cogumelos unicelulares usados na fermentação da massa do pão ou na fermentação de outras soluções açucaradas.

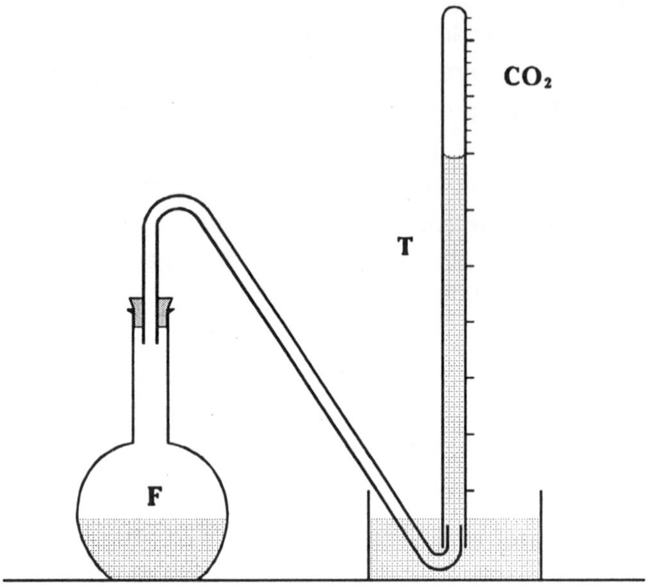

Os frascos de fermentação F contêm:

- Frascos-controle: 10 cm³ de emulsão de levedura / 10 cm³ de solução glicosada / 10 cm³ de água destilada.
- Frascos-teste: 10 cm³ de emulsão de levedura / 10 cm³ de solução glicosada / 10 cm³ de solução com as dinamizações (nesta experiência aqui relatada, foi usado *Prunus spinosa*[4], de D1 a D30).

O gás carbônico (CO_2) produzido em cada frasco é coletado em tubos graduados T e aí medido.

Figura 2 (adaptada — fonte: R. Hauschka)

Neles a produção de gás carbônico permanece constante quando todos os frascos recebem a mesma solução glicosada e água destilada. A linha produzida num gráfico é então uma reta (vide gráfico superior da figura 3). Porém, se nos frascos, no lugar da água destilada, adicionarmos

[4] Planta usada normalmente para estimular as forças vitais de um organismo.

Curvas de dinamização: *Prunus spinosa* e água destilada

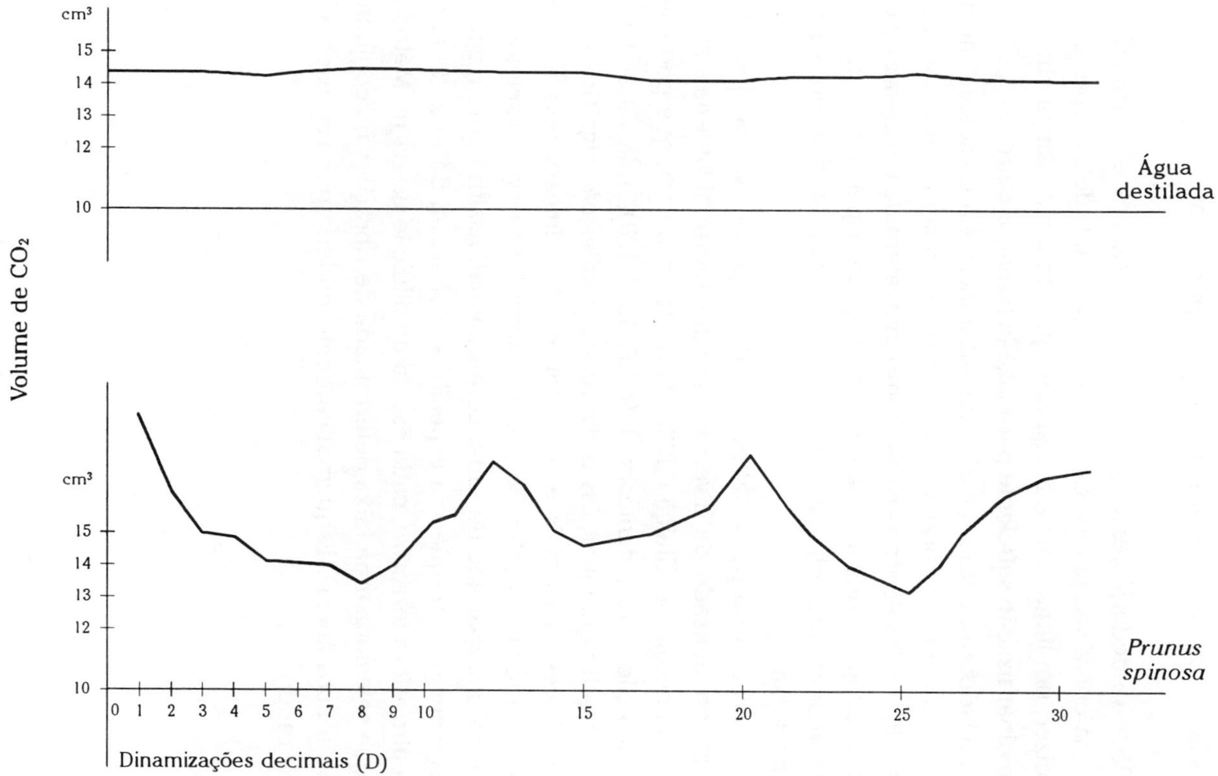

Figura 3 (adaptada – fonte: R. Hauschka)

soluções, cada uma delas com uma mesma substância em graus de dinamização crescentes (no caso, *Prunus spinosa*, de D1 a D30), obteremos não uma reta, mas uma curva típica, com seus pontos máximos e mínimos, como se vê no gráfico inferior da figura 3. Essa curva, de acordo com a substância usada, sofre alterações no comprimento e na altura de suas ondas.

Pode-se deduzir desse gráfico que os máximos e os mínimos produzidos na curva são pontos de transição. Cada um deles representa, por assim dizer, um limiar que é transposto quando a substância chega a um grau de dinamização suficiente para fazê-la passar a outro nível.

O desdobramento sucessivo da substância e a crescente dinamização dos seus padrões vibratórios vão revelando qualidades cada vez mais sutis das diferentes energias que a compõem, além de permitir que outras vibrações, próprias de cada patamar alcançado, a permeiem de qualidades energéticas que originariamente não possuía, ampliando assim seu potencial de atuação.

A liberação do potencial interno depende não só da substância — que é um condensado de diversas energias harmônicas entre si — mas também da escala de diluição utilizada no Método DDS, que pode ser decimal (diluição 1:10), centesimal (diluição 1:100), milesimal (diluição 1:1000), ou outra qualquer. Essas diferentes escalas não significam apenas distintos processos formais e quantitativos de diluição, pois funcionam, ademais, como um "seletor de faixa vibratória", análogo ao seletor de freqüência de um aparelho de rádio convencional. Assim como neste podemos escolher uma freqüência específica, isolando-a do mar de freqüências da atmosfera terrestre, cada escala de diluição usada no Método DDS como que seleciona uma faixa determinada de vibrações no conjunto que compõe a substância[5]. Esquematicamente poderíamos representá-lo do seguinte modo:

---

[5] Essa especificidade das escalas de diluição já foi inclusive "presumida" por um pesquisador alemão mais atento, R. Hauschka, na década de quarenta, mencionando-a no capítulo XVII do já citado livro SUBSTANZLEHRE.

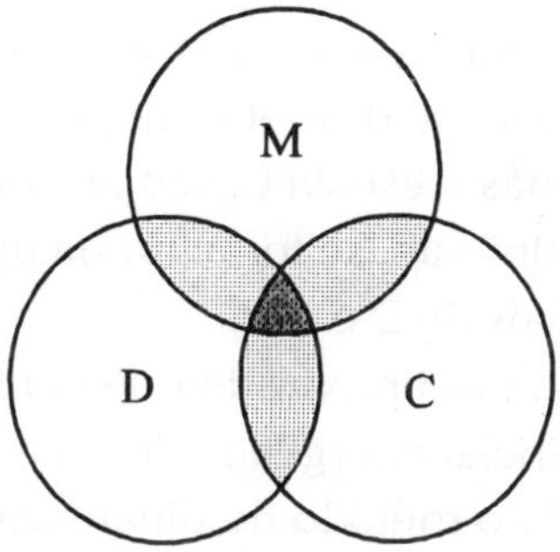

Figura 4

onde D representa as qualidades energéticas liberadas pela escala decimal; C, as liberadas pela centesimal e M, pela milesimal. Como se pode ver na figura 4, há qualidades específicas a cada escala (áreas claras dos respectivos círculos), há as que são comuns a duas delas (entre D e C, entre C e M e entre M e D — áreas escuras periféricas), e há as que são comuns a todas (área mais escura, do centro). Todavia, é o conjunto formado pelas três escalas, com todas as suas nuanças, que representa um potencial energético mais global da substância.

Cada um dos vários sistemas da Medicina que se valeram até agora do Método DDS usou uma escala de diluição específica. O primeiro deles, a partir de fins do século XVIII, adotou predominantemente a escala C; o segundo, a partir do início deste século, a escala D; e o terceiro, a partir das duas últimas décadas deste século, a escala M e outras múltiplas dela. O fato de esses sistemas adotarem escalas diferentes uns dos outros leva-os a resultados nem sempre coincidentes (conforme mostram as áreas claras e escuras da figura 4), o que faz com que as indicações de uso de uma mesma substância sejam muitas vezes diversas, conforme ela tenha sido preparada pela escala D, C ou M. Esses resultados são, na verdade, complementares, e representam aspectos distintos de uma só realidade.

A escala D libera as qualidades energéticas da periferia do nível em que esteja sendo empregada (subnível inferior); a escala C libera as qualidades das suas faixas intermediárias (subnível médio), e a escala M faz o mesmo com as que se situam mais no âmago do nível (subnível superior).[6]

Se for utilizada apenas a escala D na dinamização, os potenciais energéticos de C e de M não se desdobram, permanecendo em estado latente; se for utilizada apenas a escala C, são os potenciais de D e de M que não se expressam; e, finalmente, se for utilizada apenas a escala M, o mesmo se dá com os potenciais de D e de C.

Para se obter então um preparado que contenha em si um espectro mais abrangente do potencial energético de uma substância, deve-se aplicar a chave "D ⇨ C ⇨ M" ao método de dinamização, como explicaremos a seguir.

A substância-mãe é inicialmente diluída pela escala D e dinamizada, obtendo-se a dinamização intermediária 1D; em seguida, esta é diluída pela escala C e novamente dinamizada, obtendo-se a intermediária 1D—1C; a partir desta, repete-se o mesmo processo de diluição e dinamização com a escala M, obtendo-se a dinamização final 1D—1C—1M. Assim liberam-se sucessivamente as qualidades inerentes àquele nível, que correspondem ao potencial energético que se pode chamar de *primeiro nível de sutilização* (nível S1).

No nível seguinte, partindo-se agora de S1, a substância é mais uma vez submetida à chave D ⇨ C ⇨ M. Aplicando-se a escala D, obtém-se a dinamização intermediária 2D; a seguir, pela escala C, obtém-se a dinamização intermediária 2D—2C; e, finalmente, pela escala M, obtém-se a dinamização final 2D—2C—2M, que corresponde, então, ao potencial energético do *segundo nível de sutilização* (nível S2). E assim prossegue, sucessivamente.

Poder-se-ia esquematizar esse procedimento da seguinte forma:

- SO = Substância-Mãe
- S1 = SO ⇨ 1D ⇨ 1C ⇨ 1M
- S2 = S1 ⇨ 2D ⇨ 2C ⇨ 2M
- S3 = S2 ⇨ 3D ⇨ 3C ⇨ 3M

ou pela seguinte figura:

---

[6] A terminologia aqui usada "inferior, médio e superior" diz respeito a subníveis de padrões vibratórios, a graus de sutilização da energia, e não a localizações espaciais nem a uma escala de valores.

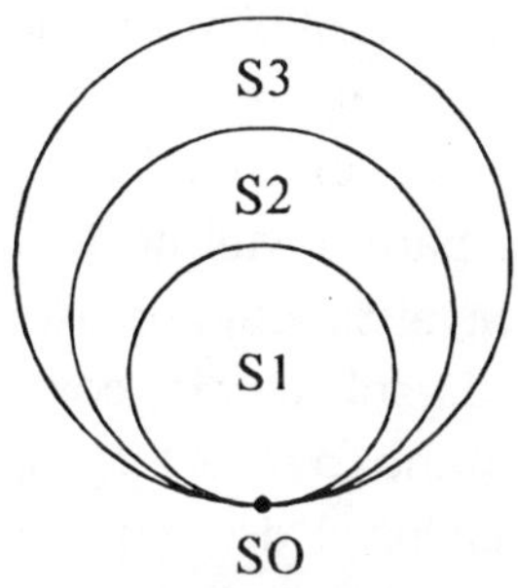

Figura 5

onde

- SO é o nível no qual a energia se encontra na forma de substância material densa, ainda não dinamizada,
- S1 é o primeiro nível de sutilização da energia,
- S2 é o segundo nível de sutilização da energia,
- S3 o terceiro, e assim sucessivamente.

Sintetizando todo o processo, essa sutilização progressiva pode ser representada assim:

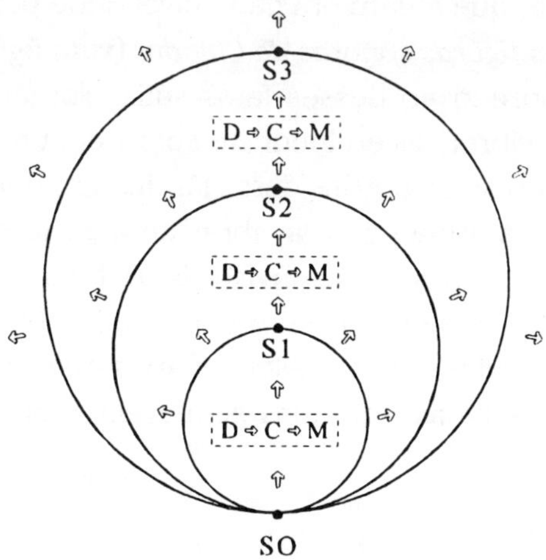

Figura 6

D ⇨ C ⇨ M é a chave de diluição e dinamização progressivas da substância. Inicia-se pela escala D, passa-se a seguir para a escala C, e depois para a M. Essa chave pode ser empregada em qualquer nível de sutilização, porém, ajusta-se ao padrão vibratório de cada um deles.

Pode-se dizer que o nível S1, cujo padrão vibratório está mais próximo da expressão material da substância, corresponderia ao nível do corpo físico-etérico, no ser humano; o nível S2, cujo padrão vibratório é intermediário, corresponderia ao nível do corpo emocional, e o S3, cujo padrão é mais sutil, corresponderia ao nível do corpo mental[7].

A Lei da Ressonância, conhecida na música, pode ajudar-nos a visualizar a atuação de um medicamento dinamizado, que tem como papel reajustar e rearmonizar os padrões que se desviaram do arquétipo, tornando os corpos doentes. Se colocarmos vários instrumentos de corda numa sala e fizermos soar num deles a nota dó, todos os demais que estiverem afinados naquela nota a vibrarão concomitantemente. Se soarmos a nota mi, sol ou outra qualquer, o mesmo ocorrerá.

Assim atua o medicamento preparado em uma única escala de diluição (D, C ou M), o qual imprime no campo vibratório humano o padrão harmonizador correspondente, na analogia, a uma única nota musical. Do amplo potencial curativo de uma substância, seleciona-se uma faixa, limitando-se sua ação.

Por outro lado, ao utilizarmos um medicamento dinamizado pela chave D ⇨ C ⇨ M, introduzimos nos corpos todo um conjunto de faixas vibratórias; é como se fizéssemos soar não notas isoladas, mas acordes harmônicos de energia, que atuam em cada nível onde penetram.

As chamadas *figuras sonoras de Chladni* (vide figura 7) podem aprofundar nossa compreensão desses fatos sutis. Tomando-se uma lâmina metálica capaz de vibrar, estendendo-se sobre ela uma camada de areia fina e seca e tocando-se as bordas dessa lâmina em diferentes pontos com um arco de violino, a areia passa a vibrar de acordo com o som emitido, acompanhando as ondas sonoras invisíveis. Detendo-se a vibração da lâmina com um dedo, ao se tocar em determinado ponto de sua superfície vibrante, obtêm-se ondas sonoras estacionárias que se tornam visíveis nas figuras harmônicas e belas formadas pela areia, registrando assim o som emitido.

---

[7] Trata-se aqui de correspondências entre padrões vibratórios, não de indicações de uso.

Figuras 7 (*Figuras de Chladni* — selecionadas)

Nossos corpos são como essas lâminas, constituídos de miríades de átomos, partículas, forças e energias, permeados por vibrações de extrema pureza e harmonia que continuamente lhes chegam de todo o cosmos, imprimindo neles padrões imaculados, ajustando-os à idéia arquetípica que lhes corresponde, idéia originada da mente divina. Esse tom cósmico, arquetípico, penetra o nosso ser por inteiro, fazendo-o vibrar na mesma sintonia, elevando-o, sutilizando-o e curando-o.

A passagem de S3 para S4 não se processa da mesma forma que as passagens anteriores de um nível para outro. S4 é uma síntese de S1, S2 e S3, mas não é apenas uma soma quantitativa e qualitativa da energia neles presente. Esse nível não depende diretamente da organização energética da substância, mas é algo essencialmente novo, que só pode emergir quando o impulso, necessário para sua manifestação, vem de uma esfera superior. Poderíamos representá-lo assim:

- S4 = S1 ▷ S2 ▷ S3

O padrão vibratório do nível S4 corresponderia, por sua vez, ao nível do corpo da alma, o eu superior.

Na imagem descrita no início deste capítulo havia uma chave parcialmente coberta dentro do almofariz; assim se deve compreender o nível S4, cuja revelação ainda não está totalmente explícita, aguardando talvez conjunturas energéticas adequadas.

Quando não existem condições externas e internas para que o novo possa emergir, a energia de uma substância dinamizada passa por um desdobramento progressivo natural, no qual se vão dando transmutações menores, próprias das passagens de nível para nível. O desconhecido deixa então de ocorrer e permanece como potencial oculto.

Usando a analogia referente aos corpos, anteriormente dada, pode-se dizer que a alma não corresponde unicamente à soma das qualidades dos veículos inferiores[8] do ser, não representa apenas o aperfeiçoamento de uma personalidade integrada, mas é, em sua essência, algo totalmente novo, outro nível de consciência, ainda que inclua em si a síntese das qualidades desses veículos.

A partir do nível S4 o processo transcorre como o anteriormente descrito, usando-se a mesma chave D ⇨ C ⇨ M. Produzem-se então os níveis S5, S6 e S7, respectivamente. Esquematicamente teríamos:

- S4 = S1 ▷ S2 ▷ S3
- S5 = S4 ⇨ 5D ⇨ 5C ⇨ 5M
- S6 = S5 ⇨ 6D ⇨ 6C ⇨ 6M
- S7 = S6 ⇨ 7D ⇨ 7C ⇨ 7M

Assim como a personalidade é absorvida pela alma, esta é atraída gradativamente por núcleos de consciência superiores, que se vão elevando também, até que a síntese de todos eles seja incorporada pela mônada.

A energia irradiada por um ser humano polarizado nos núcleos mais altos e profundos de sua consciência age diretamente nos processos de transmutação e elevação da matéria, fazendo com que esta libere o potencial de luz contido em seus átomos e se sutilize. As correntes de energia pura assim liberadas possibilitam a criação de novos padrões vibratórios, capazes de rearmonizar os seres.

Toda substância, sendo energia pura aprisionada, é capaz de se dei-

---

[8] Corpos físico-etérico, emocional e mental.

xar conduzir novamente ao estado original. No passado essa transformação dava-se predominantemente por meio do fogo fricativo[9], ou seja, pelas forças de atrito da matéria, que atuam de fora para dentro. Essa situação planetária refletia-se também nos métodos laboratoriais de dinamização. Porém, hoje, portas estão-se abrindo para que as poderosas correntes do fogo elétrico[10] e do fogo cósmico[11] penetrem o ser, transfigurando-o e permitindo que, pela incandescente irradiação dessas energias, a vida se libere e prossiga em ascensão. É a atuação do fogo elétrico que leva o ser a unificar-se com o Todo, e é a atuação do fogo cósmico que cria novas formas, bem como renova, recria ou destrói formas antigas.

* * *

Estando certa vez quieto e em silêncio, vi internamente a imagem de uma porta entreaberta. Do outro lado havia uma luz muito clara e sutil. Caminhei em sua direção e transpus aquele limiar.

---

[9] **Fogo fricativo.** Manifesta-se por meio do movimento e do atrito, sendo imanente à vida nos níveis concretos.

[10] **Fogo elétrico.** O fogo elétrico ou solar caracteriza os níveis intuitivo e espiritual; tem as polaridades como meio de expressão e atua no sentido de conduzir a vida universal ao equilíbrio.

[11] **Fogo cósmico.** Qualifica o alento de vida nos níveis monádico e divino, exprimindo-se como poder radiativo que impulsiona a evolução dos mundos. Está na origem da manifestação, na essência de todas as partículas do Universo, trabalhando com o dinamismo destrutivo e construtivo da energia da Vontade. Cada consciência é uma chispa desse Fogo que vive no Centro da Criação.

Parte III

Abrindo-se ao desconhecido

"Àquele que alcança a entrada de um novo ciclo, se lhe for perguntado a que destino está se dirigindo, um silêncio de entrega é a única verdadeira resposta. Em seu próprio Ser ele percebe a energia preparando-o, mas não sabe por que, para que ou para onde está sendo tão cuidadosamente levado."

HORA DE CURAR, de Trigueirinho

A reconstituição das células

Os desequilíbrios gerados pelo ser humano ao longo de suas vidas nos planos de consciência emocional e mental acabam por modificar a estrutura e os padrões vibratórios originais dos corpos físico-etérico, predispondo-os a toda sorte de dores, sofrimentos, distúrbios orgânicos e doenças. A rearmonização e a transformação desses corpos devem, pois, possibilitar o reajuste de tais padrões.

Sabemos que hoje tal trabalho, profundo e vasto, está entregue a uma hierarquia espiritual de seres que habitam níveis superiores da existência e, a partir do mundo interno, atuam continuamente no sentido de curar os indivíduos, de levá-los a reencontrar o propósito verdadeiro de sua vida e a tomar o caminho ascensional.

Uma parcela dessa tarefa cabe ao próprio ser humano, e é desempenhada por seu esforço em purificar os corpos físico-etérico, emocional e mental, por sua aspiração a elevar-se além dos níveis puramente materiais de vida, e pela firmeza de sua decisão de contatar e viver as leis espirituais que regem toda a evolução, leis das quais ele se distanciou quase por completo. Quando assume seriamente esse caminho de retorno à Origem, muitas ajudas podem vir ao seu encontro.

As plantas, principalmente no estado nativo, apresentam padrões ainda fiéis aos seus arquétipos. Por essa pureza primordial e pela sua estreita sintonia com o ser humano, podem participar desse trabalho de reestruturação, na forma de alimentos cultivados em consonância com leis superiores ou de medicamentos criados numa atitude de doação e de serviço.

A convivência que tive com o reino vegetal ao longo de toda a minha vida intensificou-se na fazenda onde passei a morar, permitindo-me o reconhecimento de muitas plantas com esse potencial. Partindo da necessidade de complementar a alimentação dos indivíduos que acompanhava e de reforçar a regeneração sutil de seus corpos etéricos, algumas dessas plantas foram selecionadas, secas e transformadas em pó.

A escolha dessas plantas baseou-se em sinais e indicações internas, mais do que em sua composição variada e rica em substâncias e elementos nutritivos e energéticos. Colhidas na época correta de seu desenvolvimento, foram agrupadas equilibradamente para que pudessem expressar uma interação dinâmica, positiva e harmoniosa. Quando os padrões vibratórios das plantas não são compatíveis, os efeitos de suas substâncias podem ser anulados ou diminuídos, ao passo que outros, indesejáveis, podem surgir. No caso da elaboração de novas composições, é sempre necessário buscar orientação e confirmação no próprio mundo intuitivo.

A formulação inicialmente estabelecida foi sendo ajustada de acordo com a disponibilidade de cada componente vegetal ao longo do ano, respeitando-se sua manifestação cíclica na Natureza.

A primeira composição foi a seguinte:

- Alfafa, folhas.
- Capim-gordura, parte aérea.
- Guandu, folhas.
- Mandioca, folhas.
- Mandioquinha, folhas.
- Ora-pro-nóbis, folhas.
- Stévia, folhas.

Alfafa

É uma leguminosa perene, rica em proteínas, vitaminas e sais minerais, principalmente cálcio, fósforo, vitaminas do complexo B e vitamina C. Sob a forma de brotos, potencializa significativamente a qualidade de seus componentes[1].

É extremamente vital, de ação mineralizante, vitaminizante, nutrien-

[1] Vide "Sementes germinadas (brotos)" na 5ª parte do livro PLANTAS QUE AJUDAM O HOMEM, Dr. José Maria Campos e Dr. José Caribé, Editoras Cultrix/Pensamento.

te e tônico-muscular. Tanto a infusão de suas flores como a tintura feita com sua parte aérea são valiosos reconstituintes.

Permite várias colheitas ao ano e, pelo fato de ser perene, torna-se muito adequada numa época de carência, como a atual, por ter nutrientes de alta qualidade e ser de fácil obtenção.

Capim-gordura

É praticamente desconhecido como alimento para o homem. Na fase de pré-floração apresenta o seu mais elevado teor nutritivo. Muito rico em sais de potássio (10% na cinza pura) — elemento que colabora na sutilização e elevação da matéria dos corpos físicos — e também grande teor de cálcio, fósforo, sais minerais e proteínas. Contém ainda cobre, essencial na incorporação das substâncias no organismo.

Sua grande força e vitalidade, o grande potencial nutritivo de suas folhas, destacam-no como um poderoso reconstituinte para o ser humano.

Guandu

Guarda em si um potencial alimentar e energético ainda não de todo revelado. É o feijão de maior valor protéico depois da soja (23%) e uma das melhores fontes de ferro (12%). Seu teor em cálcio é superior ao dos outros feijões e possui, ademais, todas as vitaminas do complexo B, o que o coloca em posição especial nas dietas vegetarianas puras, destituídas de proteínas de origem animal.

Suas folhas têm elevado teor de proteínas (14% a 20%, na matéria seca) e de sais minerais, destacando-se o fósforo e a silicea (que atuam basicamente na transmissão dos impulsos nervosos e na consolidação da memória), o potássio (que atua na elevação e sutilização da matéria dos corpos físicos) e o cálcio.

Mandioca

Suas folhas, apesar de muito nutritivas, são ainda pouco usadas na alimentação humana. Quando maduras — nem novas, nem velhas — devem ser rapidamente escaldadas, secas e transformadas em pó, tornando-se então um complemento alimentar poderoso. São ricas em proteínas (25% na folha seca, fato excepcional para uma folha), sais minerais (principalmente cálcio, fósforo e ferro) e nas seguintes vitaminas: A, B1, B2 e C.

Mandioquinha

Planta semiperene, de raízes comestíveis, muito utilizada no preparo de caldos, pães e sopas.

As folhas novas também são utilizadas na alimentação humana, cruas (em saladas) ou refogadas. As folhas mais velhas são mais ricas em proteínas do que as raízes e possuem ainda rica composição de macronutrientes e de micronutrientes, entre eles proteínas e aminoácidos, cálcio, ferro, fósforo, vitaminas A, B1, B2, C e clorofila.

Ora-pro-nóbis

É uma trepadeira cactácea de crescimento vigoroso e de grande capacidade nutritiva, possuindo folhas ricas em proteínas de fácil digestibilidade e uma composição bem balanceada de aminoácidos essenciais. Apresenta alto teor de lisina, fundamental para o crescimento e regeneração orgânica, além de elevadas taxas de cálcio, fósforo e magnésio.

Tem desenvolvimento vegetativo praticamente durante todo o ano, o que a torna uma fonte reconstituinte sempre disponível. É um excelente complemento protéico para as dietas em geral.

Stévia

Suas folhas possuem uma substância cujo poder adoçante é 300 vezes maior que o da sacarose (açúcar de cana e de beterraba). Todavia, sua queima dentro do organismo humano não produz calorias, ou seja, não materializa calorias como faz a sacarose, mas, ao contrário, libera apenas energia. Isso lhe dá grande poder sutil de dinamização e catalisação de processos energéticos orgânicos.

A época de colheita é determinada pelo início do florescimento, quando seu teor de açúcar está no ponto máximo. Na época da frutificação sua parte aérea morre, só voltando a brotar na primavera seguinte. Pode permanecer produtiva por vários anos.

* * *

Essa composição básica foi usada como complemento alimentar durante algum tempo em forma natural de pó. A partir de certo momento, para facilitar seu manuseio e posologia, começou a ser envasada em cápsulas, passando a chamar-se *Reconstituinte Geral.*

* * *

Para saber se os pós vegetais devem ser encapsulados ou não, é preciso levar em conta a resistência que as substâncias oferecem para ser digeridas e assimiladas, ou seja, o tempo que necessitam para ser absorvidas e passar a atuar sobre o organismo.

Pode acontecer que o princípio ativo de algumas plantas tenda a ser rapidamente degradado sob a ação de enzimas, na boca, antes de corretamente digerido e assimilado. Nesse caso, deve-se procurar retardar a ação da enzima, usando-se para isso cápsulas. As substâncias serão então processadas pelo organismo de modo a permitir que sua corrente energética chegue mais rapidamente ao ponto onde devem atuar, sem sofrer a interferência da salivação.

Na época em que estudávamos a questão de encapsular ou não o pó vegetal tive um sonho, no qual trabalhava longamente com cápsulas e medicamentos, em um grande laboratório. Ao acordar na manhã seguinte, ainda com a impressão bem viva desse intenso trabalho noturno, tomei-o imparcialmente como um sinal e pusemo-nos a procurar conhecer melhor o assunto. As informações foram obtidas rapidamente, e em pouco mais de uma semana um lote de cápsulas chegava-nos como doação.

* * *

Após um período de uso individualizado desse poderoso reconstituinte em cápsulas, e seguindo uma clara indicação interna, passamos a adotar em nossa alimentação grupal, na fazenda, outros preparados vegetais em pó, misturando-os em certa proporção a um dos alimentos básicos do dia. A indicação era a de que deveríamos usar determinada composição por três semanas, substituindo-a a seguir, de acordo com a necessidade dos indivíduos e a disponibilidade das plantas.

O primeiro desses preparados, ao qual demos o nome de *Nutriente Vegetal*, teve os seguintes elementos:

- Alfafa, parte aérea.
- Capim-gordura, parte aérea.
- Caruru-roxo, folhas.
- Guandu, folhas.
- Mandioca, folhas.
- Mandioquinha, folhas.
- Nabo, folhas.

Assim como fizemos na época da elaboração do *Reconstituinte Geral*, cuja fórmula é muito semelhante, as plantas usadas foram cuidadosamente colhidas no seu período mais favorável, criteriosamente secas, processadas e misturadas em proporções balanceadas. Esse produto, além de dieteticamente nutritivo, é energeticamente potente e vivo. Constitui um complexo concentrado de macronutrientes e de micronutrientes, tais como:

- proteínas de alto valor biológico, de fácil digestibilidade e assimilação;
- aminoácidos essenciais e não-essenciais, que são elementos básicos para a formação das proteínas;
- clorofila, que tem a importante função de transformar a energia luminosa do sol em energia química, sendo também um elemento de purificação e um tônico orgânico de alto valor;
- enzimas, que são substâncias catalisadoras imprescindíveis às diversas reações químicas do organismo;
- vitaminas, que atuam nos processos vitais do organismo, e muitas delas, além disso, exercem poderosa ação purificadora e transmutadora;
- sais minerais e elementos químicos extremamente variados e igualmente essenciais ao corpo físico, como por exemplo: cálcio, ferro, fósforo e magnésio (decisivos para a sua estruturação mineral), e cobre, enxofre, germânio, manganês, selênio e zinco (que, além das suas funções específicas, colaboram para neutralizar e eliminar toxinas ingeridas ou produzidas pelo próprio organismo).

Essa experiência, na verdade, fazia parte de uma pesquisa que visava simplificar e concentrar nossa alimentação, no sentido de torná-la mais nutritiva e sintética, introduzindo-se nela os recursos da região.

A alimentação do homem baseou-se até hoje, fundamentalmente, naquilo que a Natureza — seguindo leis e propósitos que ela própria recebe de níveis superiores — fornece praticamente pronto, cabendo a ele apenas a etapa final de elaboração. Todavia, chegará o tempo em que, conectado com a sabedoria do próprio mundo interno, guiado por fontes superiores de consciência e de posse de conhecimentos alquímicos genuínos sobre as leis de transformação da matéria — conhecimento vivo, espiritual e sintético —, o homem comporá, ele próprio, aquilo de que seus corpos estiverem necessitando, co-criando com a Natureza e com as energias construtoras que lidam com esse setor da vida.

O que se faz atualmente em termos de manipulação dos alimentos em laboratórios longe está dessa etapa futura, pois o homem, em sua ânsia egoísta de domínio e poder, afastou-se da real fonte de conhecimento e sabedoria que o poderia ter conduzido por caminhos mais criativos.

A segunda fase da experiência com o *Nutriente Vegetal* apresentou algumas ervas diferentes, mantendo, porém, a riqueza e a diversidade de macronutrientes e de micronutrientes da anterior. A dinâmica interna da composição tornou-se totalmente diversa, pois nela foi incluído o fator aromático, essencial para certos processos digestivos sutis.

As ervas aromáticas exercem uma ação específica sobre os corpos físicos e etéricos, sendo utilizadas para harmonizá-los e também para fixar neles o elemento sutil. A substância material é, na realidade, apenas um substrato onde esse elemento pode polarizar-se, aguardando o momento de ser liberado e absorvido pelo organismo.

A nova composição foi a seguinte:

- Alfafa, parte aérea.
- Azedinha, folhas.
- Bardana, folhas.
- Guandu, folhas.
- Hortelã, folhas.
- Mandioquinha, folhas.
- Ora-pro-nóbis, folhas.

A idéia original era a de se aumentar gradativamente, em cada nova composição, a concentração da erva aromática, o que foi feito na terceira fase com a hortelã, alterando-se também a concentração dos outros componentes. (Vide *Nutriente Vegetal* na página 169.)

* * *

Enquanto elaborávamos os nutrientes vegetais, um membro do grupo, ligado ao setor experimental da cozinha, criava sucos vegetais altamente nutritivos, energéticos e vivos.

Quando tomados em jejum, pela manhã, seus componentes chegam ao sangue sem precisar passar por um processo digestivo mais elaborado. Assim as propriedades das folhas utilizadas, somadas às das ervas medicinais que lhes são acrescentadas, atuam de uma forma direta e rápida. Além de fortalecer o organismo, podem regular suas funções e equilibrá-lo de maneira geral, preparando-o a nível celular para padrões alimentares mais sutis.

Se a pessoa que os elabora se mantém na atitude correta de sintonia com seus níveis superiores de consciência, esses sucos podem tornar-se, ademais, poderosos instrumentos de cura. É necessário que se esteja aberto e entregue a esses níveis para que energias superiores possam fluir livremente. Se essa conexão é estabelecida, virão as indicações das ervas e das combinações adequadas a cada caso.

Um tratamento purificador e regenerador com esses sucos verdes deve durar em média 3 semanas. Ingeridos por um tempo ainda maior, poderão provocar grandes e benéficas transformações. Como sugestão, enumeramos algumas hortaliças, ervas aromáticas e medicinais que podem ser usadas: agrião, alfafa, artemísia, assa-peixe, azedinha, bálsamo-da-horta, bardana, bênção-de-deus, bertalha, beldroega, borrago, capim-gordura, caruru, coentro, couve, folha-da-fortuna, guandu (folhas), hortelã, mandioquinha (folhas), manjericão, mastruz, ora-pro-nóbis, orégano, repolho, rúcula, sálvia, salsa, stévia, tanchagem, tomilho, trigo germinado (folhas dos brotos), verbasco, e muitas outras.

As folhas de couve e de ora-pro-nóbis, abundantes na fazenda, eram a base desses sucos, por suas propriedades energizantes, remineralizantes e nutritivas, que previnem e tratam a anemia e tonificam o organismo. A alfafa era outra erva básica, já que contém quase todos os aminoácidos essenciais em suas proteínas, além de enzimas e de múltiplas vitaminas, incluindo a B_{12} e a K. Usamos as folhas e talos e também os brotos[2], pois a germinação eleva ainda mais seu poder nutritivo. Possui, além disso, expressiva quantidade de micronutrientes, como manganês, cálcio, magnésio, fósforo, ferro e enxofre.

Outra folha essencial na confecção desses sucos é a do trigo, que se obtém colocando os grãos para germinar[3]. Quando seus brotos atingem 15 a 20 cm de altura, são cortados e usados. São muito tenros e encerram intenso poder desintoxicante e regenerativo. Os sucos feitos com eles contêm aminoácidos essenciais em uma proporção equilibrada, vitaminas e sais minerais, constituindo uma bebida alcalinizante, remineralizante, regeneradora e purificadora do sangue. A folha de trigo pode ser substituída pelo capim-gordura, quando ele está disponível, principalmente no período de chuvas.

Pode-se enriquecer ainda mais um suco verde adicionado-se a ele sementes germinadas que, ao serem passadas no liquidificador, convertem-se em uma massa leitosa. Experimentamos um processo que libera desses brotos bastante quantidade de enzimas: colocam-se sementes num vidro para germinar[2] (centeio, girassol, milheto, milho, trigo ou outras). No terceiro dia, cobrem-se os brotos com água, deixando-os assim por 48 horas. Essas pequenas plantas transferem aos poucos seus nutrientes para a água, que se torna como um soro, próprio para ser usado na elaboração de sucos. Esse processo é repetido por mais duas vezes e, no final, brotos e soro são passados no liquidificador, formando-se um creme leitoso, também incluído nos sucos.

* * *

A humildade e uma profunda impessoalidade são-nos requeridas, a fim de que os impulsos que devem atravessar os filtros da consciência não encontrem resistências nem se deturpem. As formas usadas pelo mundo interior para estabelecer contato com a parte externa do ser são imprevisíveis; a experiência chega fugaz e imperceptivelmente, o que exige o máximo de resguardo para que não se apague nem se mescle ao mundo dos

---

[2] Vide "Sementes germinadas (brotos)" na 5ª parte do livro PLANTAS QUE AJUDAM O HOMEM, Dr. José Maria Campos e Dr. José Caribé, Editoras Cultrix/Pensamento.

[3] Os brotos devem ser elaborados a partir de sementes orgânicas puras, não tratadas quimicamente.

conceitos e tendências pessoais. A imaginação humana, a memória e os ressentimentos, a identificação com os fatos e com as circunstâncias da vida formal exercem efeitos negativos na aura psíquica do ser e constituem sérios obstáculos ao desenvolvimento do mecanismo sutil de contato.

Deve-se abandonar o que se é e o que se pretende ser, as próprias idéias e o que se acredita impedir o caminho. Tudo isso, na realidade, não passa de criações vazias e sem vida. Não se podem suportar as vibrações que descem dos mundos sutis mantendo-se a atenção nas fantasias, nas dificuldades e nas facilidades que os corpos apresentam.

Como se pode curar um semelhante, se se está a cuidar de si mesmo? Como poderia o fogo aquecer, se ele próprio demandasse calor?

É necessário humildade e impessoalidade. Elas podem ser alcançadas quando se deixa de buscá-las, quando se permanece no silêncio total do ser, entregue à condução da Vida maior que a tudo rege.

* * *

Ao preparar, certa vez, um complemento alimentar para alguém que necessitava de ajuda, vieram-me à consciência estas afirmações:

Faze a tua parte
e verás a obra da Energia ao teu redor.
Entrega a Deus o que fazes
e verás a obra da Energia também em ti.
Glorifica a Deus no que fazes
e verás a obra da Energia fluir por teu intermédio.
Serás então uno com Ela
e juntos realizareis o que a Energia faz.

Tônico Renal

Certa vez recebemos o apelo de um ser que enfrentava sérias dificuldades com seu corpo físico e se acercava de um quadro de colapso de suas funções. Seus rins já estavam exauridos, fazendo com que o corpo acumulasse grande quantidade de líquido de um dia para o outro. Embora estivesse tomando potentes medicamentos para provocar sua eliminação, não faziam o efeito desejado e seu rosto chegava a se deformar em conseqüência disso.

Prescrevemo-lhe alguns preparados de ervas, entre os quais um *Tônico Renal*. Em poucos dias seus rins retomaram suas funções e os líquidos começaram a ser eliminados maciçamente; depois, o organismo foi-se regenerando e uma profunda transformação se operou em todo o seu ser.

Esse *Tônico Renal* foi um medicamento concebido para tonificar os rins não só em sua tarefa física de purificar o sangue, como também na tarefa sutil de transmutar as energias e o material psíquico espúrios do ser. Pode, além disso, ser muito útil como coadjuvante nos tratamentos de diversos distúrbios renais.

Na sua composição entram plantas cuja interação é harmoniosa e positiva, refletindo uma afinidade vibratória interna. Atuam diretamente sobre os rins e suas inter-relações com o restante do organismo. A ação sinérgica existente entre elas torna esse preparado valioso, capaz de abarcar um amplo campo de ação.

Uma composição vegetal deve expressar uma interação dinâmica e potencializada de substâncias e energias distintas, uma autêntica atuação grupal, que ultrapassa a mera soma das qualidades e propriedades de cada componente, ampliando sua eficácia e poder curativo.

Esse *Tônico Renal* foi composto de:

- Carqueja, folhas.
- Chapéu-de-couro, folhas.
- Cipó-prata, folhas.
- Mentrasto, parte aérea.
- Milho, estigmas.
- Panacéia, folhas.
- Panta-rei, folhas.

Carqueja

Possui poderosos componentes amargos que lhe conferem ampla capacidade tônica; fortalece dessa maneira os órgãos abdominais (estômago, fígado, vesícula, intestinos, pâncreas, rins e baço), o que se reflete de modo benéfico e indireto no sistema renal. Colabora diretamente na eliminação de resíduos e toxinas, por meio de intensa ação diurética e depurativa.

Chapéu-de-couro

Exerce forte ação diurética e depurativa. Cresce preferencialmente à beira d'água (rios, lagos e pântanos), onde atua como agente purificador e transmutador do elemento líquido. Sua vitalidade e, ao mesmo tempo, sua força estruturante, expressam-se nas folhas, que são grandes e de textura coriácea. Todas essas qualidades contribuem para a regeneração e fortalecimento do sistema renal.

Cipó-prata

Exerce poderosa ação diurética. Seu nome está relacionado à cor prateada de suas folhas, decorrente não da presença material da prata, como elemento químico, mas de sua presença imaterial, como estado energético.

O cipó-prata pode ser considerado um representante, no reino vegetal, desse elemento. Como princípio energético, estruturador, ele atua em toda a dinâmica dos líquidos no organismo, tanto na sua incorporação, quanto na sua eliminação, pois coordena o equilíbrio entre a reabsorção renal de líquidos e a formação e eliminação da urina.

Mentrasto

Exerce uma potente ação geral depurativa e tônica, estimulando os processos orgânicos e a eliminação de toxinas. Age nos intestinos e também no sistema nervoso central, possibilitando eliminações inclusive por meio da vida onírica. Sua atuação torna-se preponderante se é ingerido isolado de alimentos densos ou picantes.

Milho (estigmas[1])

Possui propriedades eminentemente diuréticas, além de ser capaz de desalojar toxinas e pontos de resistência em diferentes níveis do ser. Seu componente amargo exerce ação tônica sobre os rins, energizando-os. Contém uma substância cicatrizante — a alantoína — que age em lesões e inflamações eventuais em seus tecidos. Seus elementos anti-sépticos purificam as vias urinárias, transmutando e eliminando impurezas.

É ainda rico em sais minerais de potássio (4% a 5%), elemento que possui propriedades que elevam e sutilizam a matéria física, também presentes nos grãos do milho.

Panacéia

Exerce acentuada ação diurética e depurativa, auxiliando no desalojamento e na eliminação de resíduos e impurezas do sangue por intermédio do sistema renal, que é regenerado e revigorado pelas intensas correntes de vida que esse vegetal incorpora e irradia.

Panta-rei

Exerce acentuada ação cardiotônica e diurética, regulando e fortalecendo a dinâmica do coração e da circulação sangüínea. O potencial mobilizador dessa planta manifesta-se onde as forças materiais de inércia levam à estagnação do fluxo vital e fazem com que se acumulem líquidos. Esse fluxo é renovado e impulsionado pela energia desse vegetal.

Panta-rei significa: tudo corre, tudo se movimenta, tudo flui.

* * *

---

[1] Estigma ou cabelo-de-milho é a parte do órgão reprodutor feminino do milho.

A enfermidade básica do ser humano, causa primeira de todas as demais, é o egoísmo. O ego é um vórtice de forças centrípetas que tenta atrair para si e reter tudo o que dele se aproxima, estagnando desse modo as correntes de vida que deveriam permear o ser por inteiro e o que o cerca. Os desequilíbrios e desajustes que esse movimento desencadeia são capazes de gerar, em diferentes tempos e níveis, toda sorte de doenças e sofrimentos.

Para curar-se é necessário que esse ego seja elevado pela energia de núcleos superiores, fundindo-se neles. A aspiração e a entrega do ser a esses núcleos facilitam esse processo. Nesse campo, pouco vale a análise intelectual — somente a percepção intuitiva e a visão da realidade interior poderão servir de ajuda aos que têm como tarefa atuar no campo externo da cura.

* * *

Os medicamentos aplicados na forma de extratos líquidos são facilmente assimilados pelo organismo, e em casos de corpos depauperados em extremo são mais indicados, como também naqueles em que uma energia específica precisa atuar sobre os nódulos que promovem as doenças. Entretanto, de modo algum devem-se restringir os tratamentos à ingestão de extratos líquidos, pois os pós contêm qualidades que eles não possuem.

Nos medicamentos em pó a vida do vegetal está mais pura, menos tocada por outros elementos, manifestando um potencial mais próximo ao que existe originalmente no vegetal. Quando se faz um extrato, seleciona-se uma faixa de vibração da planta, o que pode ser muito útil; porém, em alguns casos, é necessário todo o espectro de energias da planta, o que não se consegue por meio dele.

É sempre mais equilibrado fornecer diferentes modalidades de medicamentos, tanto sólidos quanto líquidos, quando se quer suprir distintas necessidades.

Regeneração orgânica

As condições de saúde dos corpos físicos humanos hoje, no planeta, tornaram-se muito precárias e seu estado de debilitação acentuou-se, não só pelas insanas condições externas reinantes, como também pelas desvirtuadas condições do mundo psíquico dos indivíduos. Uma parcela do trabalho de recuperação desse estado está a cargo do próprio homem e se faz possível quando ele passa a assumir novos padrões de comportamento, enfocando os valores imateriais da vida em consonância com as leis superiores que vai reconhecendo. A parte central dessa regeneração, entretanto, para os que optaram por seguir esse caminho, está a cargo de curadores cósmicos, seres superiores que atuam, como já dissemos, a partir do mundo interno. Para abrir-se à cura interior é necessário que o ser se entregue irrestrita e incondicionalmente a essas Consciências Maiores.

No que diz respeito ao nosso papel de auxiliares nesse amplo processo, percebemos que uma alimentação energética e revitalizante, ou medicamentos reconstituintes e tônicos, ou mesmo uma medicação sutil não são suficientes para a regeneração material do organismo, pois uma grande maioria desses corpos apresenta poucas condições de digerir e incorporar o que recebe. Vimos então a necessidade de um preparado que pudesse atuar nos órgãos digestivos, facilitando os processos de absorção e assimilação.

Em muitos casos, não se deveria administrar um medicamento sem precedê-lo de outro que lhe prepare o campo de atuação. Essa preparação torna-se às vezes imprescindível, devido à presença de determinados tipos de "substâncias sutis" na aura do indivíduo e dos padrões energéticos que elas emitem, incompatíveis com o padrão do medicamento a ser ministrado.

Em certa ocasião, percebendo as condições depauperadas dos corpos físicos de algumas pessoas, experimentei por um curto período uma espécie de pressão interna, como se fora um reflexo de suas necessidades. Em seguida, foi concebido um preparado com a seguinte composição:

- Abacate, caroço.
- Lobeira, polpa e sementes.
- Quina, cascas do tronco.

A lobeira é uma planta forte, que abre fronteiras no espaço físico, possuindo aquilo que se pode chamar de qualidade de "pioneirismo". A energia contida em seus frutos, devidamente processada em laboratório e introduzida no organismo humano sob a forma de medicamento, suplanta obstáculos, rompe estruturas inertes na rede etérica que envolve os órgãos digestivos, abrindo espaço para que sejam permeados pelos impulsos regeneradores trazidos pelo caroço de abacate, que por sua grande vitalidade e energia pode ser considerado um "ovo vegetal".

Esses impulsos regeneradores são atraídos e conduzidos para dentro dos órgãos e neles fixados pela ação dos princípios curativos contidos nas cascas da quina[1], expressos por meio de suas substâncias amargas e adstringentes, e também de seus alcalóides. Uma delicada rede energética é tecida ao redor dos órgãos, consolidando sua estrutura físico-etérica, vitalizando-os e fortificando-os.

A quina, principalmente a de casca vermelha, fornece um poderoso tônico reconstituinte, indicado em casos de debilidade orgânica geral e na convalescença de doenças graves e crônicas. Exerce, ademais, uma ação potente sobre a membrana que envolve os nervos, robustecendo o sistema nervoso.

Há substâncias — os alcalóides — que podem absorver energia prânica[2] em grande quantidade e liberá-la no organismo, reativando a função

---

[1] Existem várias espécies de quina, mas todas apresentam as qualidades básicas da quina-verdadeira.

[2] **Prana**. Energia vital, uma das expressões materiais de Ono-Zone, que é a energia básica do Universo.

de órgãos e restituindo-lhes sua tonicidade. É como se elas servissem de substrato para outras substâncias, transportando-as para dentro do organismo e, além disso, vitalizando alguns órgãos do corpo físico. Um medicamento preparado com elas é indicado para deficiências do baço, rins, fígado, vesícula biliar, pâncreas e, em certos casos, do coração. Deve ser elaborado à sombra, nunca sob a luz direta do sol, todavia nos períodos e nos dias de maior incidência solar.

Os elementos dessa composição foram devidamente processados, transformando-se no preparado ao qual demos o nome de *Digeston*.

* * *

Algumas outras impressões sobre os componentes desse preparado vieram posteriormente à minha consciência.

Os alcalóides, substâncias que suscitam muitas polêmicas, estão, de modo geral, associados às transmissões de impulsos nervosos e agem diretamente no sistema nervoso central. Grande parte dos narcóticos são alcalóides.

A presença equilibrada dessas substâncias na Natureza permite que elas participem dos processos orgânicos humanos sem causar distorções. Foi o homem, sem uma visão mais ampla e evolutiva, que desvirtuou as possibilidades que elas oferecem.

As propriedades que os alcalóides apresentam devem-se à existência do nitrogênio em sua estrutura, elemento que em certos arranjos dentro de cadeias carbônicas pode introduzir-se nos canais de transmissão dos impulsos nervosos do organismo, gerando outros "padrões elétricos". O nitrogênio pertence à quinta família dos elementos químicos, e, levando-se em conta que aqueles que elaboraram as tabelas desses elementos usaram também conhecimentos alquímicos para desenvolvê-las, encontramos nessa família uma referência das conjunturas mais profundas, geralmente ocultas, que se refletem nelas.

O Quinto Raio é uma energia que impulsiona o ser humano ao desenvolvimento da ciência e do conhecimento, estando, por isso, associado à mente e seus mecanismos. Essa energia rege o comportamento dos elementos que compõem a quinta família química, caracterizada de forma mais pura pelo nitrogênio.

A rede etérica que envolve o corpo físico tem inúmeros centros, veios e canais e muitos são pontos de contato e confluência da energia etérica para o corpo denso, mas o centro principal de controle que regula esse fluxo está coligado à área cerebral. Assim, os alcalóides, nos quais o nitrogênio está alocado de forma especial, podem ter ação mais direta sobre os sentidos do homem.

Sabe-se que no passado, quando a consciência do homem não tinha condições de estar desperta e de conduzir-se ao contato interno, sacerdotes e sábios que auxiliavam o desenvolvimento da humanidade utilizaram recursos externos — muitos deles envolvendo elaborados de plantas — para abrir possibilidades sutis no campo da percepção. Atualmente, quando o coeficiente mental dos homens atingiu patamares mais elevados, essas práticas tornaram-se nocivas e francamente involutivas.

Aqui também se observa que, quando um procedimento, embora possa ter atuado de modo positivo no passado, não mais atende à necessidade do momento, ele passa a ser instrumento de forças contrárias à evolução. Tal ocorre com o uso de muitas plantas e seus derivados, na forma de drogas narcóticas ou de outra ação no sistema nervoso central do ser humano. Muitas delas podem provocar estados de percepção alterados, estados que são desvios do caminho das genuínas expansões de consciência aberto ao homem.

* * *

A lobeira é uma árvore que cresce e se desenvolve em condições ambientais desfavoráveis, condições que poucas plantas suportam, tais como terras ácidas e pobres em nutrientes, comuns nos campos e cerrados. É capaz de suportar um clima árido e períodos de seca prolongados, resistindo ainda a ciclos anuais de queimadas promovidas pelo ser humano. Sua própria aparência, à primeira vista agressiva e repelente, retrata as condições árduas e inóspitas que enfrenta. Povoando terras agrestes e maltratadas, cria aos poucos condições para que outros vegetais se desenvolvam à sua sombra. Seus frutos suculentos e delicadamente aromáticos, quando maduros, dão mostra de sua capacidade de transmutar e superar as resistências com as quais se confronta.

Floresce e frutifica mais abundantemente nos meses em que o frio e a seca são fatores limitantes, período em que a maioria das plantas entra em repouso vegetativo. A radiação solar e a energia prânica, que absorve por meio das folhas, são transformadas, sintetizadas e armazenadas na polpa e nas sementes de seus frutos, onde também se alojam outras qualidades "guerreiras".

* * *

Durante certo período, fiz várias experiências com os frutos da lobeira, para tentar introduzi-los como alimento, já que existiam em abundância na fazenda. Todavia, sua ingestão *in natura* provoca uma repulsa instintiva do organismo, que não é consciente nem movida por condicionamentos de paladar, pois, ao contrário, o aroma doce e delicado que exalam exerce grande atração.

Numa tentativa de minorar sua característica repulsiva, o fruto foi ralado, acrescido de água, levado ao fogo e aí mantido durante certo tempo, completando-se posteriormente seu cozimento em uma caixa-térmica. O caldo assim obtido foi intencionalmente deixado no recipiente, por alguns dias, no fim dos quais se manteve inalterado, sem mesmo se contaminar.

Essa resistência às influências e fatores externos — tais como os agentes de degradação física e biológica (calor, cocção prolongada, fermentação, microorganismos presentes na atmosfera e outros) — levou-nos a transformar esses frutos em pó e a usá-los na preservação de extratos vegetais e de medicamentos líquidos não alcoólicos, com resultados positivos, estando essa experiência ainda em desenvolvimento e aperfeiçoamento.

As qualidades pioneiras e de implantação, típicas dos frutos da lobeira, refletem-se na sua capacidade de promover a regeneração do pâncreas, o que os torna poderosos auxiliares no tratamento de distúrbios desse órgão, tais como diabetes e hipoglicemia.

* * *

É preciso que surjam na superfície do planeta seres e locais onde novos processos de cura possam ser acolhidos, processos que são fruto das bênçãos das Hierarquias e do devotado esforço dos seres humanos que, coligados a essa tarefa, se entregam à condução do mundo imaterial.

A cura é interior, mas pode e deve refletir-se nos níveis materiais. Assim, aliados à ação interna, os medicamentos são um suporte dado aos corpos para que possam responder mais prontamente aos impulsos do espírito. A elaboração e a prescrição desse tipo de medicamentos estão ligadas ao reconhecimento não apenas de certas leis do plano etérico que já começam a revelar-se, mas também de um intercâmbio harmonioso entre os reinos infra-humanos, o reino humano e o reino espiritual.

Ao lidar com vegetais e ao preparar medicamentos, portanto, jamais deveria haver qualquer sentido de usufruto e de comércio, mas sempre a mais pura entrega e doação.

* * *

Os devas plasmam o molde etérico no qual a essência de uma alma-grupo[3] vegetal vai introduzir-se, e fazem-no conforme as características que exprimam a qualidade básica que essa essência traz em si e que pode ser associada aos Raios[4] . Isso distribui as espécies desse reino em grupos que, para efeito da vida manifestada, são sete.

O relacionamento do homem com as plantas e das plantas entre si está fundamentado nas leis que regem o trabalho dos Raios. A compreensão do modo como atuam essas leis e a energia dos Raios nos diversos níveis de consciência é a semente para o surgimento de uma Medicina mais adequada à vida do homem sobre a Terra. Aqueles que têm o canal intuitivo aberto são guiados por essas leis e seu trabalho é um reflexo da ação delas, ainda que não tenham o conhecimento formal a seu respeito. Entretanto, não tarda o momento em que serão apreendidas mais amplamente, de modo que os passos dos que servem ao Plano Evolutivo se tornem cada vez mais conscientes, e o ser interno cada vez mais liberado para desbravar novas fronteiras.

---

[3] **Alma-grupo.** Núcleo de consciência que serve como base para intermediação dos impulsos internos enviados por mônadas (espíritos) que fazem suas experiências nos reinos infra-humanos.

[4] **Raios.** Os Raios expressam diferentes qualidades ou aspectos emanados da Energia Única. Permeiam a diversidade da vida manifestada, formam e compõem tudo o que existe. No planeta Terra são conhecidas sete das expressões dos Raios: 1º Raio: Vontade-Poder; 2º Raio: Amor-Sabedoria; 3º Raio: Atividade Inteligente; 4º Raio: Harmonia e Equilíbrio; 5º Raio: Ciência Concreta; 6º Raio: Devoção-Idealismo; 7º Raio: Ordem e Organização. Vide nota na página 49 e A ENERGIA DOS RAIOS EM NOSSA VIDA, de Trigueirinho, Editora Pensamento.

Etapas de purificação

A purificação dos corpos no ser humano é um fato interno, um movimento secreto, inconsciente, e não ocorre a partir de uma decisão pessoal, intelectual. Está incluída em ciclos maiores, planetários e cósmicos, sendo por eles regulada, como também por excelsas Consciências ligadas à cura interior e pelo Ser Supremo que habita em cada um de nós. Este conhece as necessidades, as possibilidades e os limites dos veículos nos quais está encarnado, e sabe como conduzi-los.

Sem o consentimento interno é inútil, portanto, dedicar-se a técnicas e disciplinas externas, a exercícios e práticas espirituais, pois tentar provocar artificialmente estados sublimes só produz desequilíbrios e conflitos.

Muitos são os instrumentos externos de que podemos dispor, todavia, para colaborar nessa purificação. O uso de preparados sutis (medicamentos dinamizados, ervas medicinais, e outros) é de grande auxílio, desde que nos coloquemos na atitude correta de total entrega de si às energias superiores, na atitude de desapego e ausência de expectativas.

Para que os estímulos transmitidos por esses instrumentos de cura sejam mais facilmente absorvidos pelo organismo, uma prévia limpeza dos seus diferentes órgãos e sistemas pode ser recomendável.

Um trabalho de maior precisão exigiria que os medicamentos fossem preparados exclusivamente para cada indivíduo, ou para um grupo que num momento cíclico necessitasse de uma mesma estimulação. O que se faz hoje é algo aproximado, considerando-se a média dessas necessidades.

No futuro, com o conhecimento da Lei das Vibrações, cada ser terá uma estimulação própria. Assim trabalha a energia Brill[1]. É como se houvesse uma fonte de água, uma fonte "sonora", por assim dizer; apesar de a água aparentemente ser sempre a mesma, a cada indivíduo que dela se aproxima, por interação vibratória, a fonte emite uma melodia diferente, a estimulação curativa específica que ele deve receber.

Em uma etapa do desenvolvimento onde o refinamento dos corpos se torna maior, é mais conveniente que, a partir de uma base já conhecida (simbolizada pela fonte), seja feito um preparado especial (simbolizado pela melodia) para cada indivíduo.

Assim, tendo como base esses pontos, emergem dois níveis de trabalho nesse campo:

- No primeiro, os medicamentos seriam preparados em escala artesanal (ou semi-artesanal), segundo a conjuntura do momento e do indivíduo a que se destinam. Sendo mais específicos, diriam respeito ao trabalho de ampliação no campo da cura e empregariam elementos nativos da região em que o indivíduo se encontra, em combinações com processos sutis (dinamizações, por exemplo) e, eventualmente, adequar-se-iam especialmente a ele.

- No segundo, determinados "medicamentos-padrão" poderiam ser preparados em escala mais ampla, para utilização mais generalizada, considerando-se inclusive a composição de ervas facilmente encontradas e de uso corrente.

Há indivíduos que decididamente escolheram seguir o caminho do espírito e estão dispostos a fazer qualquer mudança em suas vidas; e há aqueles que escolheram o mesmo caminho, mas externamente mantêm vínculos com estruturas, situações sociais, compromissos e outros fatos, e não se liberarão deles até que o espírito os obrigue a fazê-lo.

Ao primeiro grupo deve-se dar oportunidade para elevação; ao se-

---

[1] **Energia Brill.** Uma das expressões de Ono-Zone (energia única do universo), Brill é também conhecida como Energia de Cura. Corresponde à luz da Luz e sabe-se que em suas vibrações cósmicas se encontram possibilidades curativas, já conhecidas em mundos de vida mais evoluída. Apresenta aspectos que possibilitam a criação e a destruição de formas no mundo manifestado, o que a torna curativa.

Na luz solar refletida pela Lua temos uma das suas manifestações materiais mais facilmente perceptíveis. Todavia o contato com essa energia ocorre por meio de uma sintonia interna, produzida pela entrega do ser ao Infinito, e não pela busca de experiências ou de resultados pessoais.

gundo, deve-se ajudar para que não regridam e possam avançar no seu próprio ritmo. Essas posições, todavia, não são fixas, e essa é uma idéia geral, considerando-se que cada caso é único. Além disso, dizem respeito apenas aos veículos externos do ser, pois tratando-se de purificação, é com os veículos externos que se tem de lidar, mas não se pode julgar o que se passa dentro de cada um.

* * *

Um trabalho de purificação dirigido ao corpo físico deve levar em consideração a necessidade individual e real do ser. O impulso para sua realização deve partir não de uma decisão externa e intelectual, mas de uma clara indicação interior, para que ele possa assumir corretamente aquilo que lhe corresponde no momento.

Pode-se iniciar a purificação pelo sistema orgânico que estiver revelando maior fragilidade, seguindo-se outros ou não, conforme a necessidade. É também recomendável que todo o processo seja acompanhado de uma alimentação moderada e saudável, e da ingestão abundante de água pura.

Os sistemas orgânicos que podem ser opcionalmente trabalhados são:

Sistema Hepatobiliar (fígado e vesícula biliar)

Por meio da purificação desse sistema, os espaços intercelulares são mais facilmente atingidos pelos impulsos dos medicamentos, no sentido de se liberarem os resíduos que porventura estejam neles alojados. Esses espaços existem para suprir, com suas reservas, a vida dentro das células; no entanto, devido ao alto grau de densidade a que a matéria foi submetida, tornaram-se depositários de impurezas. Sua limpeza é requerida para que possam iluminar-se e irradiar luz para o interior das células, sutilizando-as.

Para essa liberação é necessária a limpeza do sangue, pois somente um sangue puro e sadio poderá retirar, com sua energia, os resíduos encontrados em sua trajetória. Dessa forma, processa-se uma regeneração de todo o organismo.

A ativação das funções do fígado e da vesícula biliar, e sua purificação concomitante são, portanto, indicadas devido à destacada participação desses órgãos no metabolismo do sangue, e à sua possibilidade de proporcionar-lhe melhoria de qualidade.

Uma composição de ervas eficaz para isso pode ser:

- Boldo, folhas.
- Carqueja, parte aérea.
- Capim-cidreira, folhas.
- Tanchagem, folhas.

Nessa composição, o boldo e a carqueja participam como tônicos — devendo constar em maior quantidade — e a tanchagem como antiinflamatório; o capim-cidreira atuará como antiespasmódico, ajudando a estabelecer o equilíbrio, caso a carqueja e o boldo superativem as funções hepáticas.

As ervas podem ser usadas sob a forma de chá, preparado por infusão ou por decocção leve, ou como tintura, dependendo da necessidade[2]. (Vide *Hepatobiliar* na página 177.)

Sistema Renal

Os rins, como já foi dito, constituem importantes órgãos de purificação e transmutação. O apoio a essas funções — que pode ocorrer concomitantemente ao uso do *Tônico Renal* — é proporcionado pela seguinte composição de ervas:

- Alfavaca-cravo, folhas e flores.
- Chapéu-de-couro, folhas.
- Quebra-pedra, parte aérea.
- Salsa, parte aérea.

As ervas devem ser secas e misturadas em partes iguais. Podem ser

---

[2] Para o preparo dos chás e da tintura, vide "Informações complementares" na 6ª Parte do livro PLANTAS QUE AJUDAM O HOMEM, Dr. José Maria Campos e Dr. José Caribé e "Apêndice" do livro GUIA PRÁTICO DE TERAPÊUTICA EXTERNA, Dr. José Maria Campos, ambos publicados pelas Editoras Cultrix/Pensamento.

usadas como chá, preparado por infusão ou por decocção leve, ou ingeridas sob a forma de pó bem fino.

Por exercer uma ação altamente diurética, a última dose não deveria ser ingerida após o final da tarde. A duração do tratamento pode variar de 1 a 3 semanas.

Para maior eficácia, dever-se-ia suspender (ou pelo menos diminuir) o consumo de sal no decorrer do tratamento, sendo aconselhável ingerir água em abundância para ajudar na limpeza e filtragem renais. (Vide *Chá Diurético* na página 181.)

Sistema Genital

Para a purificação desse sistema, algumas considerações iniciais são importantes, pois há diferentes processos: um para os indivíduos que se mantêm em castidade física, e outro para os que não o fazem.

Para os primeiros, o espiritualmente correto é não mexer nesse campo. Essa área do corpo está sendo transformada, tendo suas energias trasladadas. Assim, deve ser deixada a cargo do mundo interno, sem interferências. O tratamento mais indicado seria justamente tirar a atenção desse setor e deixá-lo aquietar-se para que possa tomar a direção determinada pelo novo arquétipo dos corpos humanos.

Para o segundo grupo, a seguinte composição de ervas pode ser benéfica:

- Alecrim-do-campo, folhas e flores.
- Artemísia, parte aérea.
- Mastruz[3], parte aérea florida.
- Mentrasto, parte aérea florida.

As ervas podem ser usadas secas ou frescas, misturadas em partes iguais, sob a forma de chá. A duração do tratamento varia de 1 a 3 semanas. (Vide *Chá Purificador* na página 182.)

Podem-se também fazer banhos de assento ou lavagens internas com a mesma mistura, ambos durante 3 a 5 dias.

Conhecendo-se assim os dois planos de trabalho, cada um pode ne-

---

[3] Também conhecido como mastruço, que é uma planta herbácea, aromática, muito ramificada, de caules prostrados e estendidos radialmente.

les situar-se e optar pelo caminho que lhe parecer mais adequado. Tão grande é o assédio das forças involutivas no campo sexual, na vida corrente desta civilização, que pode ser menos mal para uma pessoa lidar positivamente com a purificação dessa região, que manter-se no padrão que a vida externa procura impor-lhe.

Tudo dependerá do nível em que o indivíduo se propuser trabalhar. A Graça está disponível sempre e manifestar-se-á na proporção da abertura em sua direção. Em geral, há obstáculos na trajetória evolutiva que somente podem ser removidos por uma intervenção superior. A energia da própria consciência, nem mesmo no mais alto plano que possa alcançar, tem a potência para resolver certas situações. É a aspiração, a entrega e a busca por servir, independentemente de qualquer empecilho, que criam a possibilidade do contato com as Fontes Superiores de Energia, de onde emanam os impulsos para a cura e rearmonização dos veículos humanos.

Etapas de liberação

Artemísia, energia sutilizadora

Estava certa madrugada junto a um dos lagos da fazenda, contemplando o céu estrelado. No horizonte declinava a Lua crescente, seguida pelo agrupamento estelar de Escorpião. Em silêncio, absorto nessa contemplação, veio-me à mente uma associação desse núcleo energético com a Lua e com a artemísia[1], erva que sabia existir naquela área. Era como se a Lua focalizasse, naquele momento, uma qualidade específica da energia irradiada pela constelação e a filtrasse.

Poucos dias após, na noite do plenilúnio, colhemos artemísia naquela região. Essa planta havia surgido ali, trazida com a grama que havíamos transplantado. Aquele tinha sido o local onde ela mais se adaptou, formando em poucas semanas um vivo tapete verde. A umidade do solo, o frescor do ambiente, a incidência solar menos intensa, somados às condições sutis ali presentes, proporcionaram-lhe uma exuberância inesperada.

Essa espécie de artemísia forma uma intensa trama de caules subterrâneos, os rizomas, responsáveis por sua fácil propagação, possuindo uma poderosa capacidade de reprodução por meios vegetativos. Todo o seu potencial energético é empregado na formação dessa rede de rizomas e da sua parte aérea densamente ramificada.

Na manhã seguinte, quando estava processando essa erva, veio-me clara a percepção de suas possibilidades de atuação no afrouxamento

---

[1] A variedade (*Artemisia verlotorum*) existente na fazenda, e que não é a verdadeira artemísia, é conhecida também na região como losna-brava, flor-de-são-joão, losna, artemija, losna-doce.

das interações dos veículos humanos entre si e da própria rede etérica, mais especificamente na região abdominal, e via que essa propriedade se torna mais ativa quando ela é colhida sob a Lua cheia. Essa percepção interior veio a confirmar-se mais tarde, à medida que a erva foi sendo aplicada em diversas formas de tratamento.

O seu uso em banhos de imersão, na forma de chá ou na forma de um pó muito fino, adicionados à água, favorece a sutilização dos corpos, preparando-os para a transmutação.

Dinamizada em diferentes níveis de sutilização da energia[2] e ingerida em cápsulas, essa planta pode ser muito útil também na dissolução de nódulos energéticos na esfera infradiafragmática, auxiliando principalmente na transmutação e elevação das forças instintivas, emotivo-sexuais condensadas na região abdominal. É especialmente efetiva no tratamento de seres em corpos femininos.

Por suas propriedades, vê-se que não foi por acaso a sua exuberante manifestação no plenilúnio de inverno e exatamente na área da fazenda onde se realizavam periodicamente banhos com a finalidade de desmagnetização e sutilização dos corpos daqueles que se submetiam a tais processos.

Barbatimão, energia transformadora

Certa madrugada, ao passar por uma área da fazenda onde havia um bananal acometido de parasitas, cujo tratamento e evolução eu vinha acompanhando, veio-me à mente a imagem do barbatimão, pequena árvore rústica muito comum na região.

Aberto diante dessa imagem, aos poucos me foram chegando outras impressões, que se mesclavam às informações que possuía sobre o barbatimão. Essa árvore, nativa do cerrado agreste, cresce em solo deficiente e desequilibrado, sujeito a secas prolongadas, ao sol causticante e a queimadas freqüentes — promovidas pela ação inconsciente e inconseqüente do homem. Em seu aspecto externo há sinais dessa luta contínua pela sobrevivência, tais como cascas grossas — para reter umidade — galhos contorcidos, folhagem escassa, madeira de cerne duro e resistente.

Apesar de conviver com muitos elementos desfavoráveis, o barbati-

---

[2] Vide *Artemísia* na página 139.

mão desperta o cerrado, explodindo em vida após as primeiras chuvas da primavera, que caem como um bálsamo sobre a terra seca. Irradia então força e vigor.

O poder de aglutinação que possui, expresso pelo alto teor de tanino[3], e sua capacidade de lidar com elementos materiais agressivos, renitentes e inóspitos, são reflexos do seu grande potencial de transformação, que se estende aos planos sutis. Nos planos psíquicos da região do cerrado do Brasil Central existe hoje um aglomerado de forças degeneradas e dissolutivas, criado pelas atividades corrompidas do homem. O reino vegetal, por intermédio desse seu representante, presta um importante serviço, transmutando e elevando essas forças, com o poder transformador do fogo solar que ele incorpora em si. Queima e dissolve toda a aglutinação de elementos nesses planos psíquicos, conduzindo-os a novas correntes de vida.

Essa capacidade solar de transformação, incorporada por esse vegetal e transposta para um medicamento[4] por meio do processo de dinamização, pode ser útil também ao ser humano, quando nele há núcleos de forças parasitas enquistadas e rebeldes a uma ação terapêutica mais geral.

Tal preparado atua sobre as forças instintivas, emotivo-sexuais, que se localizam principalmente na região abdominal, auxiliando na sua transmutação e elevação, e é especialmente efetivo no tratamento de seres em corpos masculinos.

Quando a imagem do barbatimão foi vista internamente, ao mesmo tempo foi-me mostrado um grupo de indivíduos, todos em corpos masculinos, que se poderiam beneficiar com ele e que apresentavam outras características em comum, reconhecidas intuitivamente e não por vias externas, analíticas.

Muitas formas de vida parasitas hoje existentes no planeta são, na verdade, a condensação e materialização de forças psíquicas involutivas criadas e mantidas pela mente e civilização humanas. A aplicação do barbatimão, preparado por um método específico para cada caso, pode abrir uma nova área de pesquisas. Ao entrar em contato com o campo de forças que sustenta esses seres parasitas, o barbatimão aglutina essas forças,

---

[3] É uma das plantas que possuem um dos maiores teores de tanino (mais de 50%), substância adstringente, com propriedades anti-sépticas, cicatrizantes e anti-hemorrágicas.

[4] Vide *Barbatimão* na página 140.

as dissolve e transmuta, desvitalizando assim o suporte material que as abriga, ou seja, os parasitas em si.

Muito antes de termos essa indicação interna, havíamos recebido vários quilos de cascas de barbatimão vindas do Brasil Central, onde a radiação solar é mais intensa. As árvores que existem na fazenda não possuem a mesma força que as irmãs daquelas terras. Essa doação já era o prenúncio dessas descobertas, e vinha ao encontro de uma necessidade que na época ainda não tinha sido convenientemente detectada por nós.

Eucalipto, energia transmutadora

Durante um dos encontros grupais que se realizavam na fazenda, vi internamente, em certo momento, o topo de um eucaliptal, como se o estivesse observando do alto. Seus ramos finais eram vivamente movimentados por um vento que parecia dirigido por uma Força Maior. A atmosfera sobre esse eucaliptal era intensamente luminosa, transparente e leve. Das pontas dos ramos emergiam tons que iam do avermelhado ao vermelho-alaranjado. Essa imagem permaneceu por algum tempo, silenciosa, e em seguida se desfez.

Pouco depois, essa cena retornou à minha mente, e pude perceber que os ramos finais dos eucaliptos mantinham contínuo contato com o plano suprafísico acima deles. Ao serem tocados por sua energia sutil, como que se incendiavam, queimavam-se — o que resultava nos tons de vermelho-alaranjado de suas folhas.

Soube então que a energia que flui pelo contato dos ramos com o plano suprafísico, absorvida pelo eucalipto, se condensa gradualmente nas folhas, formando seus óleos etéricos, que correspondem, na verdade, a uma expressão da vida e da dinâmica daquele plano, a uma qualidade materializada de sua energia.

As folhas novas geralmente não possuem esses óleos em quantidade apreciável, pois nelas a energia ainda se encontra no processo de se condensar, apresentando-se ainda na sua forma mais pura, imaterial. Sua maior concentração ocorre nas folhas maduras, onde tal processo já se completou.

Os brotos, que se situam no limiar entre esses dois planos, fazem continuamente o trabalho de absorver e materializar a vibração sutil com a qual entram em contato. Se o eucalipto tem um bom aporte de água, luz e calor, esse trabalho não se interrompe. Daí a sua busca incessante de suprimento físico, exaurindo o solo. Por outro lado, o contato permanente com uma energia mais pura dá-lhe grande força e vigor.

Os óleos essenciais do eucalipto[5] podem auxiliar o homem na revitalização, transmutação e elevação de suas forças e energias. O seu uso em banhos de imersão favorece o contato do ser com planos de consciência sutis, e também o estabelecimento de certas ligações interdimensionais por meio do poder de elevação de suas essências aromáticas. A simples presença de um eucaliptal numa área já promove nela determinada purificação e sutilização.

* * *

Ao deixar-me permear pela energia de cura presente, percebi em um momento de silêncio interior:

> *Observai o Sol e aprendei dele as lições. No seu ritmo encontrareis as chaves para a correta circulação da energia vital entre vós e o ambiente que vos circunda. Refleti sobre seu silêncio, sua imparcialidade, seu poder e sua pureza na luz que ele irradia, e podereis então compreender como curar os males que surgem nos vossos órgãos infradiafragmáticos. A vibração lunar dessa área do corpo humano deve ser iluminada pela radiação imaterial do Sol. Sabei que, se não puderdes compreender e praticar essa elevação, e se vos entregardes aos apetites materiais provenientes dessa área, tereis vosso centro solar, o coração, comprometido.*
>
> *Abri-vos às instruções sobre vossa coligação com vossos núcleos internos e sobre suas correspondências com os sistemas de circulação energética, sangüínea e nervosa em vosso corpo. Vêde a perfeita sincronia com que a luz de cada estrela lança suas chispas, cortando o vazio e os ares até chegar ao vosso mundo. Sabereis então como as energias de vossa mônada percorrem universos para tocar vossa consciência, e percebereis os estímulos que elas desencadeiam em vossos corpos. Escutai o que vossa voz interna vos confia sobre o movimento dessas energias, e sabereis como construir a parte da Obra que vos cabe.*
>
> *Deixai-vos absorver na contemplação das constelações, e vereis o caminho que vos espera além de vós mesmos.*

---

[5] Vide *Eucaliptus* na página 187.

Parte IV

O despontar de novos ciclos

"A semente lançada na terra deve germinar, criar raízes, estender seus ramos em direção à Luz; receberá os embates dos elementos, e com isso se fortalecerá; transformar-se-á em planta adulta, cumprirá ciclos e etapas. E chegará o dia em que seus rebentos se abrirão em flores, e em que as flores exalarão suave perfume, sagrada promessa do que está reservado ao mundo dos homens."

A CRIAÇÃO, de Trigueirinho

Urucum, fonte radiante de luz

Certa manhã, recebi no local onde trabalhava dois cestos de sementes de urucum, colhidas da própria fazenda. Iniciei a seguir o trabalho de debulhá-las, e aos poucos do meu interior foram surgindo algumas impressões, sinalizando a existência de uma relação entre essas sementes e o sangue humano.

O urucum é, no reino vegetal, pura expressão da essência do elemento ferro, que é o núcleo que aglutina a Vida dentro do sangue, mantendo-a ali coesa e integrada. Essa identidade entre sangue e urucum manifesta-se até externamente, na cor rubra e brilhante que ambos apresentam.

Em Corumbá, no Mato Grosso do Sul, há um maciço rochoso chamado Morro do Urucum, onde nascem e se desenvolvem árvores de urucum de forma espontânea, vigorosa e exuberante. No subsolo desse morro encontra-se uma das grandes reservas de ferro conhecidas deste país. Nesse poderoso campo magnético gerado pela presença concentrada desse elemento, cresce esse aglomerado de urucum, permeado continuamente por suas dinâmicas correntes de forças, alimentando-se delas e incorporando-as em si.

Aberto diante do que percebia, procurei uma forma de processar essas sementes, para criar com elas um preparado que, mantendo esse poder radiante, pudesse agir sobre o sangue — hoje enfraquecido e depauperado pelas contínuas agressões humanas contra as leis da Vida —, purificando-o e revitalizando-o.

A tinta do urucum, onde se concentra o poder desse ferro, constitui na verdade uma fina película que envolve as sementes. Ao tentar passá-las no moinho para extrair a tinta, logo percebi a sua riqueza em óleos, o que promovia sua aderência às paredes internas do aparelho, dificultando o processamento.

Na tentativa de facilitar a extração, mergulhei as sementes do urucum em água fervente, o que tampouco deu resultado. Para acentuar ainda mais a ação do calor, levei essa mistura ao fogo, mantendo-a próxima ao ponto de ebulição, durante pouco mais de meia hora, com resultado apenas parcial. Para encerrar a experiência, escorri a água por uma peneira, retirando as sementes e deixando-as secar à sombra.

Ao voltar, aproximadamente seis horas após, quedei-me surpreso ao constatar que grande número daquelas sementes que havia colocado para secar tinha germinado! Mesmo após o longo tempo de "tortura" na água quase a ferver, não só permaneceram vivas, mas tiveram forças para germinar, como se nada lhes tivesse ocorrido.

A partir daí, outras impressões e informações foram chegando à minha mente. Lembrei-me de que em certas tribos indígenas, que conheciam muito bem as propriedades medicinais do urucum, os homens pintavam o corpo com sua tinta, também para se protegerem contra agressões externas, como radiação solar intensa e picadas de insetos. É conhecida a capacidade que ela possui de filtrar os raios ultravioletas do Sol, que destroem a epiderme e provocam na pele alguns tipos de câncer.

Pelo que me foi dado perceber, o poder do ferro, presente na semente do urucum como qualidade de energia, cria em torno dela um manto magnético poderoso, impedindo que a vida seja destruída em seu interior. Foi esse manto que interceptou e amenizou o choque térmico aplicado, transformando-o na força de um suave sol de primavera que desperta a vida adormecida na semente.

Essa energia, introduzida no organismo humano por meio de um medicamento dinamizado, cria nele uma estrutura magnética protetora, que envolve desde os planos mais densos até os mais sutis. Radiações ionizantes, agressões externas à vida do sangue e à própria vida no ser, cargas psíquicas negativas e destrutivas podem assim ser filtradas ou neutralizadas pela dinâmica conferida aos corpos por tal preparado, o que não impede, todavia, que as correntes sutis de vida o permeiem e vitalizem.

Pela lei da analogia, se uma substância resiste a um impacto externo, como o do calor do fogo, é porque possui em si as qualidades desse elemento, que podem ser transferidas então ao homem, utilizando-se para isso preparados sutis que as incorporem e preservem.

* * *

A hemoglobina, constituinte básico dos glóbulos vermelhos, contém como elemento central em sua estrutura química o ferro, que tem o poder de curar continuamente o sangue de todos os processos externos que tendem a enfraquecê-lo, desfigurá-lo e torná-lo doente. O urucum concentra em si grande potencial de reconstituição celular, podendo atuar diretamente nos glóbulos vermelhos, revigorando-os e aumentando-lhes a eficiência no transporte de alimento e vida às demais células do corpo.

Ingerido sob a forma de medicamento dinamizado, o urucum irradia poder de cura também aos espaços intercelulares, retirando deles elementos negativos, purificando-os e contribuindo para a liberação da luz contida no interior das células. Assim, além de purificar e de iluminar, vivifica tudo ao redor.

Antes, porém, de ingerir o urucum dinamizado, é necessário recebê-lo *in natura*, em pó, seguindo-se então a série dinamizada. Pela intensa liberação que pode ocorrer de elementos cristalizados nas células ou nos espaços intercelulares, promovendo reações fortes a nível físico e sutil, cada caso deve ser avaliado individualmente e acompanhado bem de perto.

* * *

Estando, certa vez, numa reunião grupal de estudos, percebi um impulso a permear meu ser, tornando-me consciente de vários processos em andamento nos planos sutis. Em dado momento, veio-me a imagem de um pequeno frasco de cor âmbar (desses usados para proteger da luz o conteúdo), que acabava de ser aberto e continha um "preparado especial". Em seguida, via uma mão que tentava fechar o frasco, sem o conseguir, pois a tampa de pressão não se encaixava adequadamente nele.

Compreendi que algo tinha sido desencadeado internamente no meu ser, algo que teria seu desenvolvimento e não poderia ser mais interrompido. Percebi ainda que o impulso criador dessas imagens promovia em mim um desanuviamento, liberando-me para novas etapas. Invadiu-me um sentimento de profunda gratidão pela graça de estar incluído, juntamente com um grupo maior que eu percebia presente em meu interior, numa tarefa de colaboração direta com o trabalho da Energia.

A atuação dessa Energia, que se manifesta em todos os níveis e de todas as formas, tornou-se também evidente pelos preparados que, com base nas indicações colhidas do mundo interno, passamos aos poucos a elaborar e a distribuir gratuitamente.

* * *

Concomitantemente às descobertas do poder curativo do urucum, algumas impressões sobre a função da própolis junto às colméias foram chegando à minha consciência, ampliando o tema.

As abelhas, cuja essência de vida não é terrestre, têm como uma de suas tarefas principais captar certas qualidades de energia solar e cósmica e irradiá-las para a órbita planetária terrestre. A vida e a estrutura externa de uma colméia são, portanto, apenas reflexos materiais dessa atividade sutil, pois sua verdadeira atuação é interna e invisível. Mesmo limitados, esses reflexos mostram-nos claramente diferentes aspectos de leis espirituais básicas ainda não vividas pelo reino humano.

Uma abelha, por exemplo, necessitaria voar uma distância correspondente à que existe entre a Terra e a Lua, coletando pólen e néctar das flores, para produzir sozinha 1 kg de mel, o que levaria aproximadamente doze anos para ser completado. No entanto, sabe-se que a fase em que ela está ativa nesse trabalho de colheita dura aproximadamente 20 ou 25 dias. Como seres isolados elas não cumpririam sua missão; como grupo, entretanto, realizam uma tarefa essencial, externa e interna, junto aos reinos vegetal, animal e humano.

Para que esses seres possam desempenhar sua tarefa sutil dentro de um campo vibratório denso e não favorável como o do planeta Terra, uma invisível proteção lhes é proporcionada pela própolis, tanto a material quanto a imaterial.

A própolis, como substância material, constitui importante produto do reino das abelhas, pois dá apoio às colméias, proteção e isolamento contra o frio, umidade, ventos, chuvas, vedando frestas, rachaduras, o teto e a entrada. Além disso, serve para imobilizar corpos estranhos (como pequenos roedores, por exemplo), mumificando-os, e também esteriliza o ambiente, mantendo-o higienizado e puro.

A elevada umidade relativa do ar e a penumbra reinantes dentro de uma colméia, sua alta densidade demográfica e sua temperatura próxima aos 37° C, favoreceriam o desenvolvimento de grande número de microorganismos a ela nocivos, caso não existisse a própolis em seu interior. Esta ocorre não somente de forma substancial, mas em graus de diluição infinitamente altos, permeando toda a colméia, ultrapassando seus limites e criando em torno dela uma rede sutil de proteção. Desse modo, isola-a de influências externas negativas e permite certos ajustes energéticos no seu interior.

A palavra própolis, que em grego significa "em defesa da cidade", retrata numa concepção simbólica a real função dessa valiosa dádiva do reino das abelhas.

Diante dessas impressões, percebi ainda que essa própolis invisível poderia ser recriada em laboratório e preservada num medicamento especial para que, ao ser ingerida, pudesse produzir uma rede sutil efetivamente protetora em torno de todo o ser. Por meio da dinamização, foi possível promover uma desmaterialização progressiva da própolis, liberando, ao mesmo tempo, suas qualidades latentes de apoio e proteção à vida.

Internamente coligado a essas imagens, associei essa própolis imaterial a sementes de urucum, dinamizando a seguir o produto, para que a ação de ambos os componentes pudesse reforçar no sangue o potencial mantenedor das correntes de vida que por ele circulam.

A partir daí foram elaborados quatro preparados, cada um deles em um nível crescente de sutilização da energia, que, devidamente encapsulados e envasados, receberam o nome de *Hemovita*. Eles foram então oferecidos gratuitamente a diferentes pessoas, que iam dando testemunho das transformações que observavam em si mesmas.

Uma delas narrou-me a seguinte experiência:

> "Durante vários meses senti internamente, de forma especial, a ação do fogo. Às vezes vinha-me a imagem de estar entrando em chamas, outras vezes parecia-me estar sendo queimada diretamente.
>
> Comecei então a tomar o *Hemovita S1*. Ao terminar o frasco percebi na pele uma manifestação de alergia, como se os folículos pilosos estivessem inflamados. Ao iniciar com *Hemovita S2* essa manifestação intensificou-se. Certa noite tive um sonho especialmente claro. Era como se as células do corpo começassem a explodir, irradiando potente energia. Parecia luz sendo liberada. Acordei abruptamente. O corpo estava banhado em suor, e muito quente. O quarto tinha sido inundado

por uma luz quase azulada, e através da janela se podia ver a Lua cheia no céu, emanando essa luz. Apliquei então um medicamento líquido na pele, que estava muito vermelha e tão sensível que facilmente sangrava, especialmente nos braços e nas costas.

Durante várias noites acordava mais ou menos no mesmo horário. O tempo foi passando, continuei a tomar *Hemovita*, e a pele foi melhorando aos poucos, mas sempre em períodos de Lua cheia a manifestação alérgica intensificava-se, como se esse astro estimulasse alguma eliminação interna. Ao mesmo tempo, a imagem do fogo foi-se diluindo, até desaparecer. Foi quando senti algo que poderia traduzir-se como liberdade e alegria, e o corpo parecia pesar menos."

* * *

Ao longo de toda essa vivência, especialmente com as sementes de urucum, pelas experiências e constatações feitas e pelos seus desdobramentos, fui percebendo interiormente o desabrochar de novas possibilidades no campo da cura. Vi que os medicamentos podem alcançar níveis bem profundos e produzir, em conseqüência, transformações bastante concretas, inclusive no plano físico.

Existem circunstâncias e oportunidades nas quais essa cura pode estar disponível para o ser humano, por meio de uma medicina mais próxima da sua finalidade original, que é a de tornar seus veículos novamente aptos para as tarefas que ele tem a realizar segundo um Plano Evolutivo superior.

Essa medicina sutil, que está para ressurgir, é fruto também de um intercâmbio maior e mais puro do ser interno do indivíduo com as correntes de vida de seu corpo etérico. Nessa rede etérica, onde se refletem processos internos e externos, é que se encontram as indicações mais claras e diretas para a dissolução dos nódulos energéticos que geram doenças e desarmonias nos corpos humanos.

Helianthus, uma flor solar

O mundo interior usa os mais diversos recursos para nos transmitir os impulsos necessários a que novos padrões energéticos se materializem e certos passos individuais e grupais ocorram. Em um trabalho grupal evolutivo, cada indivíduo que assume a própria tarefa e que se abre e se entrega a essa condução interna passa a ser um canal de captação e irradiação de vibrações e realidades sutis existentes em outros planos de vida e de consciência.

Os sonhos são uma das portas de acesso a essas realidades, pois nesse estado a consciência do ser, desligada dos planos materiais, pode mergulhar em níveis mais profundos, sem influências externas.

Na época em que elaborávamos os primeiros preparados, um colaborador teve certa vez um sonho elucidativo:

> "Via-me chegando a um laboratório homeopático onde trabalhavam três mulheres de aparência comum. Uma delas olhou-me sorrindo, como se estivesse a receber-me, e em seguida explicou: 'Estamos fazendo um medicamento com pólen de girassol em duas dinamizações diferentes', dizendo em seguida o nome científico de uma doença, em inglês, cujo significado ficou bem claro como deficiência imunológica.
>
> Perguntei então à mulher como e quando deveriam ser ingeridos os preparados, e ela me respondeu que era para tomar as duas dinamizações, sem deixar claro se juntas ou em horários diferentes.
>
> Ainda sonhando, refleti: 'pólen não pesa quase nada, portanto a dinamização indicada vai render muito pouco'. E perguntei: 'É dose única?', ao que ela respondeu: 'Sim, dose única'."

Após ter tido contato com o conteúdo e a energia desse sonho, algumas impressões vieram-me à consciência, ampliando-o.

O pólen constitui o grau mais alto de sutilização que a substância pode alcançar numa planta. Situa-se no limiar entre o mundo físico e o suprafísico. A olho nu, parece composto de miríades de minúsculos grãos de poeira colorida, praticamente não possuindo realidade substancial ponderável. Representa um elo entre a realidade material da planta e a vida imaterial que a permeia e envolve. É um elemento catalisador da manifestação externa da essência dessa vida, que é transmitida à contraparte feminina da flor no momento da fecundação. Essa essência, ao tocar o plano físico-material, funde na flor seu impulso criativo, desencadeando nela uma nova manifestação, que se abriga então dentro da semente.

A essência do elemento-luz que o pólen contém pode ser liberada parcialmente em laboratório e incorporada a um preparado dinamizado[1]. Porém, pelo seu alto grau de sutilização, a atitude de quem colhe e manipula o girassol, e de quem o recebe como medicamento, é em especial determinante do seu potencial curativo.

Esse medicamento pode auxiliar em todos os casos em que a luz interior das células está sufocada, em que o pulsar da vida teve sua expressão bloqueada. A identificação do ser humano com o plano físico-material, esquecendo-se de sua origem e destino espirituais, constitui a causa básica para uma ampla variedade de desequilíbrios orgânicos e psíquicos. Grande parte das doenças, entre elas o câncer, as doenças crônicas e degenerativas, as doenças auto-imunes e as doenças psíquicas, é causada pelo fato de ele ter-se vinculado à matéria mais intensamente do que era previsto, tornando assim seus corpos muito densos. O elemento-luz do pólen do girassol pode então ajudá-lo a restaurar a ligação com as correntes superiores de vida.

O girassol (*Helianthus*, que em grego significa "flor solar") expressa sua ligação interna com a energia do Sol ao movimentar-se segundo o percurso desse astro no céu. É uma flor que, nos planos sutis, tem a forma de esfera.

No reino mineral o ouro tem proeminentemente a função de captar e de irradiar energia solar, papel que no reino vegetal é desempenhado, nos planos sutis, pela essência do girassol. Ainda que não se encontre na mesma posição hierárquica em que o ouro está no reino mineral, pode-se

---

[1] Vide *Helianthus* na página 141.

levar em conta que há uma atividade funcional coincidente. No reino animal, esse mesmo trabalho é realizado pelas abelhas e, no reino humano, por aqueles cujas mônadas já despertaram, a ponto de torná-los um tabernáculo ativo da Luz do Sol interior.

* * *

O girassol, por meio de suas várias expressões externas, revela-nos a dinâmica das forças polares da matéria e da luz dentro de si. Apresenta um crescimento vertical gigante, podendo chegar rapidamente a mais de três metros de altura, o que é incomum para uma erva de ciclo anual. Suas folhas, em lugar de passarem por uma elevação e sutilização gradativas, diminuindo de tamanho à medida que vão surgindo ao longo do caule em direção ao alto, tornam-se cada vez maiores e mais pesadas. Culminam esse movimento numa grande flor, onde os elementos terrestres da massa e do peso são especialmente evidentes, fazendo com que ela se dobre em direção à terra. Nessa primeira etapa a matéria aparentemente prepondera sobre as forças da luz, ainda que estas, invisíveis por detrás desse crescimento, lancem-na para cima. É quando alcança o ápice do processo de floração que essa matéria parece render-se finalmente, sendo então transmutada e sutilizada. A forma expansiva da flor, em espiral, sua cor amarela, radiante e viva, o suave aroma que exala, a abundância de pólen que nela ocorre e a intensa formação de óleos de suas sementes denotam a presença marcante dos elementos imponderáveis da luz, do calor e do fogo solares. Essas exteriorizações desvelam-nos a luta permanente que a essência imaterial do girassol trava com sua substancialidade terrestre, para no final permeá-la de luz e elevá-la.

O conhecido uso do extrato de flores de girassol para o tratamento da malária confirma-nos essa dinâmica oculta. A ciência espiritual revela-nos que a malária decorre de a vida anterior do indivíduo ter sido intensamente voltada para as forças do egoísmo, manifestando-se então com a finalidade de ajudá-lo a equilibrar essa tendência, a liberar-se dessas forças, para que prossiga livremente seu caminho evolutivo.

O sangue humano é como uma âncora, uma base sobre a qual o ser encarnante pode ligar-se à substancialidade física do corpo. Na malária essa âncora lhe é retirada em parte, pois essa doença consiste essencialmente na destruição maciça dos glóbulos vermelhos do sangue, ocasionando uma intensa anemia, que desencadeia no ser uma profunda impressão de estar "pisando no vazio", de não ter chão sob os pés, pois fica sem referência material. Dessa forma lhe é dada a possibilidade de dissolver o núcleo de forças egóicas geradas em sua encarnação anterior. A essência das flores do girassol torna-se assim um valioso instrumento de cura, ao auxiliar nessa superação e transmutação das forças terrestres.

Após uma primeira experiência que produziu pouco mais de vinte cápsulas, um novo medicamento foi elaborado com o pólen de girassol, mais purificado, usando-se a orysina[2] como diluente. Nessa segunda produção, o horário para as dinamizações foi mais conscientemente reconhecido, e elas passaram a ser feitas logo pela manhã, período no qual a ação regeneradora e vitalizadora da radiação solar prepondera, possibilitando uma interação maior do medicamento com suas correntes etéricas sutis.

* * *

Do ponto de vista alimentar, a semente de girassol constitui uma fonte protéica por excelência, conduzindo e transmitindo a energia solar pura. Esse grande valor nutritivo torna possível reduzir-se a quantidade de alimentos requerida pelo homem. O cultivo de girassol, bem orientado e cuidado, poderá fazer com que se obtenha uma qualidade de proteína até agora não encontrada em nenhuma outra fonte.

As sementes, levemente tostadas, trituradas e misturadas ao gergelim torrado, podem ser usadas como valioso complemento alimentar sob a forma de farinha a ser acrescida às frutas, pães e outros.

Torradas, trituradas e combinadas com folhas de assa-peixe, transformadas em pó, constituem um medicamento[3] eficiente em quadros de gripe intensa, pois aumentam a resistência do organismo. Com folhas de mentrasto em pó[4], purificam-no e recompõem.

A energia imaterial do Sol, incorporada ao organismo humano pela ingestão dessas sementes, além de revitalizá-lo, acelera de modo geral a

---

[2] **Orysina**. Farinha de arroz ultrafina, que passamos a elaborar para substituir a lactose, o pó tradicionalmente empregado nos processos de dinamização de substâncias sólidas. Nossa intenção, ao criar a orysina, era utilizar um produto isento de vibração animal, e de vibração de comércio, já que tínhamos arroz plantado na própria fazenda.

[3] Veja *Antigripal* na página 165.

[4] Veja *Depurativo* na página 166.

purificação celular e intercelular, especialmente se combinadas com algum outro elemento, como os citados, específico para cada caso.

A correta atitude no manuseio de todas essas substâncias é muito importante para que se mantenha íntegra a energia primordial disponível tanto no pólen quanto nas sementes. Assim, quando elaboradas e usadas de forma consciente e desapegada, quando se cultiva uma atitude de entrega do próprio ser às energias superiores, sem expectativas, a queima e eliminação dos resíduos dos corpos materiais dar-se-ão de modo mais intenso e profundo.

* * *

A cura realmente efetiva só pode processar-se no homem quando ele se oferta inteiramente ao Plano Evolutivo e, reconhecendo-se como essência divina, passa a ver seus próprios corpos como um templo ou tabernáculo dessa essência.

Thunbérgia, uma flor lunar

Alguns dias antes do plenilúnio de um mês de inverno, sonhei que estava de pé e ao lado de alguém que folheava cuidadosamente um grande e muito antigo livro de plantas, parando numa página onde se destacava o nome *Thunberge*.

A impressão desse sonho, com toda a sua simplicidade, ficou bem viva na minha mente, e, ao acordar, tive um impulso forte de pegar da estante próxima um livro ilustrado de plantas medicinais. Abrindo-o ao acaso vi, logo na primeira página, a foto de uma planta que imediatamente reconheci — embora não soubesse precisar onde a tinha visto antes — e ao lado, em destaque, li o nome: *Thunbergia alata*. Permaneci aberto à energia que se manifestava nessa experiência.

Mais tarde, ao sair de casa, cruzando o jardim, logo identifiquei aquela delicada planta poucos metros à frente, num recanto protegido, formado por pequenos arbustos. Estava florida e transmitia-me a nítida impressão de já conhecê-la muito bem, apesar de não me lembrar de tê-la visto em lugar algum. Possuía formas leves e suaves, com flores alegres, amarelas, em cujo centro se destacava uma cor negra, de profunda vibração. Sendo trepadeira, enrodilhava-se nas companheiras à volta, subindo em busca de luz.

No decorrer dos dias seguintes, fui encontrando vários outros exemplares de thunbérgia em volta da casa onde morava, um deles irradiante e muito florido, bem em frente à janela do quarto. Estava ali há muito tempo, mas eu não o havia percebido conscientemente. Passei a acompanhar de perto o seu desenvolvimento, e nada mais emergiu, a não ser uma íntima união com esse vegetal e a impressão interna de que havia uma relação entre ele e a energia irradiada pela Lua.

Aproximadamente um mês depois, caminhando pela madrugada, contemplava a Lua cheia no horizonte, prestes a se pôr. Veio-me então novamente à consciência a flor da thunbérgia, com uma percepção clara de que poderia ser elaborada sob a forma de um medicamento. Juntamente com essa impressão, percebi internamente, sem imagens, um grupo de pessoas conhecidas que poderiam ser beneficiadas com ele. Tinham traços em comum, apesar de apresentarem características externas heterogêneas. Lembro-me de que nos dias que antecederam ao sonho, uma das pessoas desse grupo chegara à minha percepção interna, como se estivesse necessitando de ajuda.

Para esse medicamento, dever-se-iam colher algumas flores da thunbérgia, colocá-las em um frasco de vidro transparente com água, e expô-las ao luar, durante três noites seguidas, antes, no dia e depois do plenilúnio. Consultando o calendário, vi que deveria iniciar a experiência já na próxima noite.

Ao final do dia seguinte, colhi então as flores mais expressivas e harmônicas que encontrei e coloquei-as dentro d'água, expondo-as pouco depois ao luar. Pela manhã bem cedo, com o dia ainda escuro, recolhi-as e guardei-as bem protegidas da luz. Repeti esse procedimento mais duas vezes, e na terceira noite o processo se completou.

Não tinha, naquele momento, nenhuma idéia a respeito do que estava por detrás de tudo aquilo; sem criar expectativas, simplesmente procurava obedecer às indicações sutis que percebia. A existência de uma condução interna era clara; em nome dela eu agia, e a ela me entregava.

Aos poucos, outras impressões foram chegando e ampliando aquela experiência. Soube que algumas espécies vegetais podem transferir a vibração da energia Brill contida no luar, para certos meios materiais; a *Thunbergia alata* seria uma delas.

A flor é a parte da planta capaz de estabelecer sintonia com níveis energéticos mais elevados. No caso da thunbérgia, ela é um verdadeiro dínamo potencializador da energia captada do luar. Certas estruturas sutis existentes em suas flores podem expandir-se no meio líquido no qual são colocadas, formando uma rede suprafísica pela qual se introduzem e circulam qualidades vibratórias vindas do cosmos.

A luz solar, por possuir qualidades incompatíveis com outras mais delicadas — como as existentes na energia Brill refletida pela Lua —, deve realmente ser evitada, mesmo após a iluminação da água pelo luar.

Sabe-se, pela ciência terrestre, que a luz da Lua é polarizada, ou seja, que vibra num plano específico, e não difusamente como a do Sol. Uma das tarefas desse satélite é, pois, filtrar a luz solar, transmitindo para a Terra a irradiação pura de um dos aspectos da energia Brill. Não sem razão essa experiência surgiu no mês do solstício de inverno, época de maior declinação boreal do Sol, mês da noite mais longa do ano.

Brill, sendo uma das expressões da energia Ono-Zone, reacende o fogo interior latente em cada ser e favorece sua união com a fonte interna de vida. Estimula nele a pulsação dos seus núcleos mais profundos, reajustando-os aos ritmos cósmicos, ritmos que definem os ciclos de todo o universo, que determinam o exato momento da abertura de uma flor, ou do despontar do primeiro raio de luar no horizonte.

Alguns meses após essa experiência, descia de carro por uma estrada de terra, na fazenda, e durante o trajeto acompanhava a Lua cheia brilhante no céu. Imperceptivelmente, novas impressões foram-se introduzindo em minha mente, ampliando e complementando a experiência com a thunbérgia. Reconheci outras flores também capazes de captar a energia Brill da Lua e de irradiar e direcionar suas qualidades curativas, de acordo com suas próprias tendências inatas. Três novas flores revelaram-se-me então com esse potencial. Uma delas é o cambará, existente na fazenda, nativa da região do cerrado, e que floresce de uma forma intensa em grande parte do ano; outra é a lípia, planta perfumada, de flores delicadas, bem aclimatada entre nós; a terceira é a capuchinha, de flores alegres e vistosas, muito cultivada em nossas hortas e jardins.

Cada uma dessas flores, manifestando qualidades próprias, serve também de instrumento para a vitalização da água pela exposição à luz da Lua.

- A água-de-thunbérgia dirige sua ação curativa e regeneradora, de maneira mais especifica para a esfera mental de seres em corpos femininos. (Vide *Thunbérgia* na página 147.)
- A água-de-cambará, para a esfera mental de seres em corpos masculinos. (Vide *Lantana* na página 145.)
- A água-de-lípia, para a esfera emocional de seres em corpos femininos. (Vide *Lippia* na página 146.)

- A água-de-capuchinha, para a esfera emocional de seres em corpos masculinos. (Vide *Tropaeolum* na página 148.)

* * *

O conhecimento profundo dos mistérios da Natureza e de sua relação com os mistérios do cosmos só poderá retornar ao ser humano quando ele reconhecer que a sabedoria de outrora, que ele perdeu, não emergirá de mecanismos intelectuais e racionais, mas de uma postura interna de vida baseada no despojamento total de si mesmo e na entrega incondicional aos planos de consciência superiores. Deve também reconhecer que ele próprio precisa passar por uma profunda transformação: do temperamento, do caráter e de todas as disposições de seu mundo emocional e mental, transformação que em parte ele pode assumir, mas que em sua globalidade está a cargo de Grandes Consciências que, a partir dos planos internos, dirigem os destinos do planeta e da humanidade. Somente assim poderá ampliar sua visão e compreensão da vida, passando a colaborar mais direta e ativamente no trabalho de cura planetária.

Cipó-de-fogo, uma chama ardente

O cipó-de-fogo é uma planta de grande vigor que habita campos e espaços abertos e floresce intensamente nos dias frios e curtos de inverno. Perfura poderosamente a terra, percorre longas distâncias, transpõe barreiras e obstáculos — árvores, cercas, rochas —, expandindo-se no sentido horizontal. Rompe também fronteiras no sentido vertical, rasgando os éteres.

O impulso que o faz avançar e vencer resistências atua invisivelmente em sua substância material, imprimindo nela padrões vibratórios dinâmicos, elevando-a e sutilizando-a. Esse movimento de ascensão chega ao auge no inverno, quando suas flores explodem em cor flamejante, vermelho-alaranjada, irradiando luz, vida e calor. Abundantes e expansivas, são como línguas de fogo ardente, imagens de sua energia interna condensadas na matéria. Ao longo dos campos e serras, margeando bosques e matas, surgem como que incendiando a natureza árida e inerte ao redor. Sua cor viva e penetrante retrata o elevado padrão vibratório de sua substância, o alto grau de sutilização de sua essência.

Certo dia, ao caminhar por entre esse mar de fogo vivo, veio-me a clara percepção de que essas flores, colhidas no momento certo, conservam intacta essa energia ígnea, energia que pode ser liberada e transformada num poderoso instrumento de transmutação. Dada ao ser humano como medicamento, mobiliza sua matéria inerte, deslocando suas partículas, preparando-a para impulsos mais sutis. Esse fogo ardente é capaz, ainda, de romper obstáculos à ação da energia de cura, abrindo caminhos por entre estruturas cristalizadas e dissolvendo vórtices geradores de conflitos. Assim, podem-se queimar núcleos condensados de forças negativas, que se expressam muitas vezes em câncer ou em outras doenças crônicas e degenerativas.

Esse potente preparado pôde ser obtido ao deixarmos suas flores imersas em água, num frasco de vidro transparente, expostas ao sol, do amanhecer ao findar do dia. Suas qualidades sutis foram desse modo transmitidas à água. Foi possível também consegui-lo secando-se suas flores, transformando-as em pó e dinamizando-as em diferentes níveis de sutilização. Depois de pronto, passou a ser chamado de *Pyrostegia*.

A prescrição do *Pyrostegia* deve ser seguida, em alguns casos, do medicamento solar *Helianthus*, feito do pólen de girassol. Este último viria para restaurar e regenerar o organismo após a intensa crise de purificação proporcionada pelo rompimento dos vórtices geradores de conflitos.

* * *

Uma substância mineral, ao ser absorvida pela raiz de uma planta, passa, como já mencionamos, por uma transformação de sua configuração energética. Seu padrão vibratório, a princípio lento e denso, próprio do reino mineral, dinamiza-se à medida que a substância penetra o campo energético vegetal e ascende da raiz à flor, onde alcança o grau máximo de sutilização que a planta pode oferecer.

Esse movimento para o Alto permeia desde as menores partículas atômicas até as estrelas, as galáxias e todos os demais componentes do infinito universo manifestado.

Na Natureza os fenômenos do amanhecer e do anoitecer expressam esse movimento cósmico de elevação, dando-nos importantes chaves para compreendermos alguns aspectos da atuação da energia sobre a matéria.

Ao se encerrar a noite, antes do amanhecer, os raios do Sol tangenciam o horizonte do planeta e tocam as camadas mais altas da atmosfera, criando nelas os primeiros tons de vermelho escuro projetados nas nuvens e prenunciando assim o despontar do dia. Diferentes matizes formam-se, a luz intensifica-se, manifestando-se em tons alaranjados. Surge por fim o Sol, com a potência de sua luz incandescente e pura. O dia ilumina-se, despertando a vida.

No movimento inverso do findar do dia surgem no azul profundo do céu tons vivos de vermelho, rosa e laranja, em incessante transformação e múltiplas combinações, que aos poucos se vão apagando, transformando-se em tons de cinza e anunciando a noite próxima.

O Sol, ao atingir a Terra com seus raios desde o alvorecer, ilumina e dinamiza a sua matéria. Por outro lado, ao declinar no horizonte nos momentos do crepúsculo, vai gradualmente retirando sua luz, recolhendo em seu seio a vida.

Esse mesmo fenômeno, guardadas as devidas proporções, ocorre na incineração de uma planta, quando se quer, por exemplo, elaborar com suas cinzas um preparado. A planta é submetida a uma potente estimulação de sua estrutura interna, incorporando nela nova dinâmica. As cinzas resultantes trarão em si todo esse potencial concentrado e ativo de energia. Na combustão evapora-se inicialmente a água, queima-se em seguida a substância orgânica, restando no final apenas o negro carvão. Prosseguindo-se com o calor, o carvão aos poucos se incendeia, iniciando com tons de vermelho-escuro que se vão clareando e intensificando, transformando-se em tons incandescentes de amarelo-alaranjado.

Chega então um momento que se poderia chamar de sagrado, momento em que a matéria alcança um limiar em seu potencial interno. Nesse estado ela é mantida por instantes, em solene oferta, por assim dizer, aberta à ação de um impulso superior, que pode ocorrer ou não, dependendo da conjuntura energética na qual todo esse mágico processo se dá.

Interrompendo-se nesse ponto a combustão, as cinzas resultantes trarão vivas e impressas na contraparte sutil da estrutura atômica de seus elementos e minerais a essência do que viveram e absorveram.

Cada vegetal, a exemplo do cipó-de-fogo, realiza em si esse mesmo processo de forma natural, cada um à sua maneira e intensidade, oculta ou explicitamente. Reconhecer isso pode ser uma chave para a compreensão de sua essência e potencialidades.

* * *

A percepção segundo um prisma individual ou grupal dissolve-se diante daquele que não mais se vê separado da existência cósmica. Os passos que dá em direção à vida imaterial perfuram as camadas de obscuridade e ignorância que encobrem a vida na Terra. Inundado por uma energia de decisão, segue em frente, a despeito de tudo. Se como lança certeira se dirigir à meta, a transformação e a cura poderão, finalmente, ancorar-se nos planos terrestres.

A ascensão e a cura do ser nada mais são que o desnudamento da imagem de si mesmo, que o reencontro com o padrão para ele concebido pela Consciência Criadora. A unidade interna com os semelhantes deve ser individualmente redescoberta e vivida em plenitude. Todavia, mesmo que não passe um milésimo de segundo sem que a Hierarquia faça jorrar sobre o planeta suas vibrações de sabedoria, de luz e de cura, não se pode erguer os que insistem em permanecer na inércia. O Ensinamento é vivificado nos éteres, nas partículas astrais e mentais de toda a Terra; o caminho é indicado por infindáveis luzeiros que, incessantemente, o mantêm visível — mas cabe a cada homem tirar de si próprio a venda dos olhos.

Absolutamente dispensável é o embevecimento diante de um trabalho inspirado por níveis superiores, pois seu propósito é tão-somente levar a vida material à comunhão com os mundos internos. Os que buscam a ascensão devem devotar-se ao seu eu profundo. Guerreiros de uma luta que se trava no silêncio, a exteriorização de suas obras sobre a Terra deve exalar o perfume das qualidades do seu ser interior.

Algumas colunas sustêm os passos dos que trilham o caminho espiritual, e podem ser aqui novamente enumeradas:

- o aperfeiçoamento do caráter;
- a disponibilidade para servir em um trabalho evolutivo;
- o exercício e a prática da entrega ao eu interior;
- a decisão firme e inquebrantável em estar aberto ao contato com a Realidade;
- e, finalmente, a consciente aproximação a fontes que emanem a energia da Hierarquia.

Ipê-amarelo, ouro vegetal

Num dos pontos mais altos da fazenda, numa região montanhosa, há um majestoso ipê-amarelo. Seu grande porte e idade avançada tornaram-no guardião-mor de toda a vida vegetal da área. No inverno perde totalmente as folhas para, no início da primavera, explodir em cores e cobrir-se por inteiro de um puro e intenso dourado.

Logo que chegamos à fazenda, do alto do morro, em plena floração, ele nos sinalizava o local em que daríamos início às construções físicas, saudando-nos como se há muito nos esperasse.

Lembro-me de que um ano após nossa chegada, movido por bons impulsos humanos de ajudar os semelhantes, eu havia decidido usar suas flores para preparar uma essência floral pelo sistema que na época me era familiar.

Ao ter início sua floração, preparei-me para concretizar aquela idéia. O ipê seguia fielmente os impulsos trazidos pela primavera, em sintonia com as correntes de vida que ciclicamente penetram o planeta. Em dado momento, obedecendo a um comando oculto da própria Natureza, o processo de floração interrompeu-se a meio caminho, sem causa aparente, frustrando minhas expectativas.

Comentando depois esse fato com alguém mais experiente em reconhecer aspectos internos da vida, compreendi a lição que aquela vivência me proporcionou. O reino vegetal está encarnado nesse planeta, antes de tudo para dar glória a Deus por meio de sua vida e de sua entrega, e também para cumprir a parte que lhe cabe dentro do Plano Evolutivo, algo muito mais amplo do que fornecer medicamentos, alimentos ou suprir as necessidades práticas e materiais do ser humano. Por viver integralmente segundo a Lei do Serviço, tudo isso ele dá naturalmente, por acréscimo.

Todavia, sua fidelidade ao Propósito maior que o impulsiona ao Alto e a energia da fé e da devoção que o mantém firme nesse movimento ascensional, dão-nos o testemunho de que jamais se desviou de sua meta evolutiva superior.

Tendo realmente percebido os pontos a serem mais trabalhados em mim, dali em diante reconciliei-me internamente com esse reino de pura entrega representado por aquele ipê e abri-me para uma interação mais profunda com ele. Fiz também ao meu ser interno a oferta de minhas boas intenções humanas, compreendendo que constituem sério empecilho no caminho da verdadeira cura.

Anos mais tarde, participei de uma reunião grupal na qual se falava dos cuidados a se tomarem e do contato amoroso que se deve ter com o reino vegetal. Acompanhava os movimentos internos gerados pela energia que se manifestava por meio do que era expresso em palavras naquele encontro.

Ao fazer uma entrega sincera de tudo o que percebia, pouco depois minha consciência foi colocada, internamente, na presença desse mesmo ipê, que no plano físico principiava novamente a florir. Uma imensa aura dourada sutil envolvia-o e expandia-se em ondas na área ao redor. A imagem ampliava-se, quando surgiu outro potente núcleo dourado, que parecia vir de dentro da terra; também emanava uma luminosa aura, que se unia com a do ipê. Aquela expansão prosseguia, abarcando as montanhas de toda a região, banhando e permeando tudo com sua luz.

Ao dissolver-se o quadro, permaneceu a impressão interior, sem imagens, de que essa grande aura dourada estava imersa noutra, infinitamente maior, cujo centro de irradiação seria o próprio Sol.

Aos poucos, foi-me chegando à mente a impressão de que a essência desse poder radiante do ipê continha um potente impulso curativo. Interpretando-a como um estímulo à criação de um novo medicamento sutil, preparei-me para sua elaboração. No entanto, ao aguardar o momento mais propício de floração do ipê, encontrei-me com alguém que trouxe-me novamente, por vias indiretas, a mesma instrução que me fora dada no passado.

Reconheci mais uma vez que a pura presença de um ser que vive inteiramente dentro da Lei é por si só curativa. Um ser a serviço pode promover, nos indivíduos corretamente sintonizados com sua energia, uma poderosa estimulação do centro cardíaco, que os harmoniza, expandindo e purificando sua aura.

A essência do ipê guarda, assim, íntima relação com o poder radiante e curativo do ouro, elemento magno entre os metais, que nos planos internos da Terra absorve e processa a potente energia solar, expansiva e vivificadora, irradiando-a para o planeta e para a vida que nele evolui.

Todo o reino vegetal emite sem cessar uma "onda" de vida e de cura, atuando inconscientemente nos indivíduos e no planeta, transmutando energias densas e negativas emanadas pelas atividades do campo psíquico humano. Para abrir-se a esses impulsos de modo mais consciente é necessário estar em silêncio ante as manifestações desse reino, relacionar-se com ele de forma impessoal e amorosa, sem contudo projetar nele preferências e tendências humanas.

Uma experiência que ocorria concomitantemente com uma pessoa do meu convívio veio-me confirmar essas impressões. Ela desejava plantar próximo à área onde trabalhava algumas flores que havia recebido. Não encontrando um lugar apropriado, esqueceu por uns dias seu projeto e teve a seguir um sonho claro e sintético. Viu essas flores plantadas bem próximas ao pé desse mesmo grande ipê de que falamos. Uma interpretação mais superficial poderia levá-la a plantar as mudas ali. Porém, no contexto mais amplo dessa experiência, compreendemos também que, para haver uma sintonia maior com o reino vegetal, mesmo as boas intenções humanas — simbolizadas pelas flores —, ainda de alguma forma ligadas ao campo emotivo, deveriam ser depostas aos pés daquele que, no sonho, representava todo o reino vegetal. Vimos que só assim podemos abrir-nos para um verdadeiro trabalho de interação com esse reino e ter acesso aos seus grandes mistérios.

A própria beleza do ipê florido, no plano físico, é apenas uma pálida imagem do que se pode perceber dele nesse outro plano sutil.

A aura das grandes árvores pode atenuar as oscilações erráticas das auras humanas, favorecendo a formação de uma atmosfera de estabilidade que facilita o contato interno.

Existem, pois, ambientes e situações que contribuem para que o contato se dê, mas não é possível estabelecer qualquer regra, fórmula ou roteiro nesse sentido. Cada ser tem seu próprio meio de contato, ritmo e método. O fundamental é que a consciência, sem nada exigir, vele em silêncio a Chama Sagrada que vibra em seu núcleo profundo. Nessas condições o contato poderá realizar-se, mesmo em situações vivenciais que aparentemente não contribuam para que ocorra.

Parte V

Indicações terapêuticas

"Para que a energia flua como a água límpida e transparente de um riacho, é preciso que o indivíduo que para ela serve de canal nada queira, nem para si, nem para os outros."

HORA DE CURAR, de Trigueirinho

Esclarecimentos preliminares

Segue-se uma síntese das indicações expostas no decorrer do livro, acrescidas de outras. Ela não pretende esgotar o tema, mas apenas servir de referência àqueles que se afinem com esse setor do trabalho de cura. Deixa espaço aberto para que cada um trilhe o próprio caminho.

Essas indicações apontam somente uma pequena parcela de um imenso potencial. À medida que o leitor sintonizar com a fonte que as gerou, outras descobertas poderão emergir em sua consciência, pois essa fonte jorra sem cessar, em contínua doação. Os frutos desse trabalho devem prosseguir, no entanto, em pura oferta ao Criador, pois assim se produziram. Comercialização de espécie alguma cabe nessa proposta, que em pura doação se concretizou. Que cada um que produza ou utilize esses preparados tome como lei essa advertência.

Esses medicamentos não negam nem substituem os fornecidos e endossados pela medicina oficialmente estabelecida, pois estes últimos, no nível físico em que predominantemente atuam, têm o seu valor. Os preparados aqui apresentados decorrem de outra abordagem e têm outro campo de atuação — como é claro em suas descrições. O acompanhamento de um profissional não deve ser abolido nos tratamentos, principalmente nos casos mais complexos.

O bom senso, a isenção de ânimos, a pureza de propósitos e a inspiração interna constituem sempre os melhores guias.

Preparados simples dinamizados

Artemísia

Composição

Artemísia (*Artemisia verlotorum*), raízes e parte aérea.

Atuação

Atua sobre forças instintivas que se localizam principalmente na região abdominal; é especialmente efetiva no tratamento de seres em corpos femininos.

Auxilia na transmutação e elevação das forças instintivas, emotivo-sexuais, condensadas nessa área.

Indicações

Em processos que têm origem em conflitos de forças instintivas, emotivo-sexuais, tais como:

- distúrbios ginecológicos: dismenorréias, amenorréias, alterações do ciclo e do fluxo menstruais, cólicas, etc.;
- distúrbios psíquicos ligados à esfera emocional-instintiva: hipersensibilidade emotiva, irritabilidade, oscilações de humor, distúrbios do sono e da concentração, envolvimento acentuado com

pensamentos e sentimentos densos; inquietação, ansiedade, depressão;

- distúrbios intestinais: inflamações/infecções, meteorismo, obstipação, cólicas, diarréias, peristaltismo acelerado.

Apresentação/Posologia[1]

S1: frasco com 63 cápsulas; 1 cápsula 3 vezes ao dia.
S2: frasco com 42 cápsulas; 1 cápsula 2 vezes ao dia.
S3: frasco com 21 cápsulas; 1 cápsula 1 vez ao dia.

Barbatimão

Composição

Barbatimão (*Stryphnodendron barbatimao*), cascas do tronco.

Atuação

Atua sobre forças instintivas que se localizam principalmente na região abdominal; é especialmente efetivo no tratamento de seres em corpos masculinos.

Auxilia na transmutação e elevação de forças instintivas, emotivo-sexuais, condensadas nessa área.

Indicações

Em processos que têm origem em conflitos de forças instintivas, emotivo-sexuais, tais como:

- distúrbios psíquicos: irritabilidade, ansiedade, oscilações do hu-

[1] A apresentação em cápsulas pode ser substituída pela apresentação em comprimidos, tabletes ou em pó. Essa observação é válida para todos os preparados dinamizados que se seguem.

mor, distúrbios do sono e da concentração, envolvimento acentuado com pensamentos e sentimentos tirânicos, densos; quadros de angústia;

- distúrbios intestinais: inflamações/infecções, meteorismo, obstipação, cólicas, diarréias, peristaltismo acelerado.

Apresentação/Posologia

S1: frasco com 63 cápsulas; 1 cápsula 3 vezes ao dia.
S2: frasco com 42 cápsulas; 1 cápsula 2 vezes ao dia.
S3: frasco com 21 cápsulas; 1 cápsula 1 vez ao dia.

Helianthus

Composição

Girassol (*Helianthus annuus*), pólen.

Atuação

Atua na esfera mental do indivíduo, ou seja, na área de contato com a luz estruturante de seus centros superiores.

Permeia o plano emocional e mental com o poder solar purificador e transmutador, dissolvendo nódulos cristalizados e resistentes à luz superior e restaurando a energia do ser.

Indicações

Em situações nas quais a luz interna, estruturante dos corpos do ser, se encontra reprimida e as forças cegas da matéria preponderam na sua esfera de consciência. Essas situações podem gerar patologias nos planos materiais, tais como:

- doenças auto-imunes;

- doenças crônicas, inflamatórias e degenerativas: inflamações/infecções, câncer, diabetes, depressões, doenças reumáticas, entre outras.

É indicado, portanto, em todos os processos nos quais se torna necessária a potente energia restauradora do fogo solar.

Apresentação/Posologia

SO: 1 cápsula, em dose única, pela manhã, em jejum.
S3: 1 cápsula, em dose única, à noite, antes de se recolher ao sono.

Nicotiana

Composição

Tabaco (*Nicotiana tabacum*), folhas e flores.

Atuação

Corrige deformações ancoradas no corpo emocional.
Dissolve e reestrutura; exerce ação antideformante.

Indicações

Corrige deformações orgânicas decorrentes do plano emocional: úlceras, disfunções, processos inflamatórios e degenerativos entre outros.

Age intensamente, eliminando espasmos intestinais.

Apresentação/Posologia

S1: frasco com 30 ml; 5 a 7 gotas, 3 vezes ao dia.
S2: frasco com 20 ml; 5 a 7 gotas, 2 vezes ao dia.
S3: frasco com 10 ml; 3 a 5 gotas, 1 vez ao dia.

Pyrostegia

Composição

Cipó-de-fogo (*Pyrostegia venusta*), inflorescências.

Atuação

Atua como potente instrumento transmutador solar.

O cipó-de-fogo guarda em si, em grande proporção, o fogo solar vivificador e transmutador.

Indicações

Auxiliar nos processos onde se encontram núcleos condensados de energia involutiva, resistentes à ação da energia superior, implantados no corpo físico, tais como tumores, quadros degenerativos, inflamações/infecções.

Atua mais profunda e intensamente que a *Pyrostegia* não-dinamizada. (Vide página 147.)

Apresentação/Posologia

S1: frasco com 63 cápsulas; 1 cápsula 3 vezes ao dia.

S2: frasco com 42 cápsulas; 1 cápsula 2 vezes ao dia.

S3: frasco com 21 cápsulas; 1 cápsula 1 vez ao dia.

Solanum

Composição

Lobeira (*Solanum lycocarpum*), sementes e polpa do fruto.

Atuação

Atua na transferência das forças volitivas primárias do indivíduo para a esfera volitiva superior.

Auxilia na ascensão da energia dos centros inferiores, dissolvendo núcleos de resistência que interferem nesse movimento e dificultam a expressão da Vontade superior.

Atua principalmente nos seres em corpos masculinos (aspecto ativo, positivo da energia).

Propicia condições internas para que o ser possa visualizar e realizar a meta espiritual.

Indicações

Quando há resistência ou dificuldade na ascensão da energia dos centros inferiores para os superiores, que pode refletir-se como:

- distúrbios intestinais: inflamações/infecções, meteorismo, obstipação, cólicas;
- distúrbios na esfera psíquica: confusão mental, agressividade, agitação, ansiedade, angústia, distúrbios do sono e da concentração.

Em situações de indecisão, de indefinição, de crise, e naquelas onde se apresentam resistências à manifestação da Vontade superior no ser e à visão mais clara da Meta, devido a bloqueios emocionais e mentais.

Apresentação/Posologia

S1: frasco com 63 cápsulas; 1 cápsula 3 vezes ao dia.
S2: frasco com 42 cápsulas; 1 cápsula 2 vezes ao dia.
S3: frasco com 21 cápsulas; 1 cápsula 1 vez ao dia.

Preparados simples não-dinamizados

Lantana

Composição

Cambará (*Lantana camara*), flores.

Atuação

Sendo um instrumento da energia Brill, reacende o fogo interior latente no ser e favorece a união com sua fonte interna de vida.

Dirige sua ação curativa, regeneradora, mais especificamente para a esfera mental de seres em corpos masculinos.

Auxilia na ascensão da energia mental, dissolvendo nódulos e cristalizações, transmutando forças retrógradas e dissolutivas.

Obs.: por tratar-se de um preparado extremamente sutil, requer de quem o recebe um estado de grande abertura e receptividade.

Indicações

Em situações nas quais se torna necessária a vivificação da chama interior ou nas que ameaçam desconectar o indivíduo da fonte interna de vida, tais como momentos de crise e de redefinição da própria meta, momentos de prova e de reconfirmação da entrega às energias superiores, momentos de decisão antes da entrada em um novo ciclo.

Desestabilização ou bloqueio da energia mental que levam a manifestações de desgaste e carência dessa energia tais como: falta de clareza e de determinação em relação ao propósito da vida, nódulos conflitivos e cristalizações mentais, distúrbios de concentração, cansaço e confusão mentais, irritabilidade.

Apresentação/Posologia

Frascos de 10 ml (envolto em papel aluminizado); 3 a 5 gotas, 1 a 3 vezes ao dia.

Em situações agudas, 7 a 14 gotas em um copo de água; tomar aos poucos, no decorrer do dia, repetindo-se a dose, se necessário.

Lippia

Composição

Lípia (*Lippia alba*), flores.

Atuação

Sendo um instrumento da energia Brill, reacende o fogo interior latente no ser e favorece a união com sua fonte interna de vida.

Dirige sua ação curativa, regeneradora, mais especificamente para a esfera emocional de seres em corpos femininos.

Auxilia na ascensão da energia emocional, transmutando forças primárias e inconscientes.

Obs.: por tratar-se de um preparado extremamente sutil, requer de quem o recebe um estado de grande abertura e receptividade.

Indicações

Resistências ou bloqueios na ascensão da energia emocional, que podem expressar-se de distintas formas, tais como em manifestações de angústia, ansiedade, frustração e depressão; sensação angustiante de vazio; hipersensibilidade emocional.

Apresentação/Posologia

Frascos de 10 ml (envolto em papel aluminizado); 3 a 5 gotas, 1 a 3 vezes ao dia.

Em situações agudas, 7 a 14 gotas em um copo de água; tomar aos poucos, no decorrer do dia, repetindo-se a dose, se necessário.

Pyrostegia

Composição

Cipó-de-fogo (*Pyrostegia venusta*), inflorescências.

Atuação/Indicação

Atua de modo semelhante à *Pyrostegia* dinamizada (vide página 143), porém com menor potência.

Apresentação/Posologia

Frascos de 10 ml; 3 a 5 gotas, 2 a 3 vezes ao dia.

Em situações agudas, 7 a 14 gotas em um copo de água; tomar aos poucos, no decorrer do dia, repetindo-se a dose, se necessário.

Thunbérgia

Composição

Thunbérgia (*Thunbergia alata*), flores.

Atuação

Sendo um instrumento da energia Brill, reacende o fogo interior latente no ser e favorece a união com sua fonte interna de vida.

Dirige sua atuação curativa, regeneradora, mais especificamente para a esfera mental de seres em corpos femininos.

Auxilia na ascensão da energia mental, dissolvendo nódulos e cristalizações, transmutando forças retrógradas e dissolutivas.

Obs.: por tratar-se de um preparado extremamente sutil, requer de quem o recebe um estado de grande abertura e receptividade.

Indicações

Em situações nas quais se torna necessária a vivificação da chama interior ou nas que ameaçam desconectar o indivíduo da fonte interna de vida, tais como momentos de crise e de redefinição da própria meta, momentos de prova e de reconfirmação da entrega às energias superiores, momentos de decisão antes da entrada em um novo ciclo.

Desestabilização ou bloqueio da energia mental, que levam a manifestações de desgaste e carência dessa energia tais como: falta de clareza e determinação em relação ao propósito da vida, nódulos conflitivos e cristalizações mentais, distúrbios de concentração, cansaço e confusão mentais, irritabilidade.

Apresentação/Posologia

Frasco de 10 ml (envolto em papel aluminizado); 3 a 5 gotas, 1 a 3 vezes ao dia.

Em situações agudas, 7 a 14 gotas em um copo de água; tomar aos poucos, no decorrer do dia, repetindo-se a dose, se necessário.

Tropaeolum

Composição

Capuchinha (*Tropaeolum majus*), flores.

Atuação

Sendo um instrumento da energia Brill, reacende o fogo interior latente no ser e favorece a união com sua fonte interna de vida.

Dirige sua ação curativa e vivificadora mais especificamente para a esfera emocional de seres em corpos masculinos.

Auxilia na ascensão da energia emocional, transmutando forças primárias e inconscientes.

Obs.: por tratar-se de um preparado extremamente sutil, requer de quem o recebe um estado de grande abertura e receptividade.

Indicações

Resistências ou bloqueios na ascensão da energia emocional, que podem expressar-se de distintas formas, tais como em manifestações de angústia, ansiedade, frustração e depressão; sensação angustiante de vazio.

Apresentação/Posologia

Frascos de 10 ml (envolto em papel aluminizado); 3 a 5 gotas, 1 a 3 vezes ao dia.

Em situações agudas, 7 a 14 gotas em um copo de água; tomar aos poucos, no decorrer do dia, repetindo-se a dose, se necessário.

Preparados compostos dinamizados

Croton/Solanum

Composição

Cristal-da-serra (*Croton perdicepis*), raízes.
Tunta[1] (*Solanum tuberosum* ssp *imilia*), tubérculos dessecados.

Atuação

Auxilia na interação da mente concreta com a abstrata do ser humano.

Reestrutura energeticamente esse nível de consciência, dinamizando a integração dos diferentes subníveis nele existentes e abrindo espaço para o afluxo de energias mais puras e potentes, vindas de planos superiores.

A energia da tunta, devidamente processada e sutilizada, percorre um caminho que se inicia no tubo digestivo e prossegue em direção ao sistema nervoso central, levando seus impulsos ao cérebro físico e à mente concreta, atingindo os limites da mente abstrata.

[1] **Tunta**. Batata nativa dos altiplanos andinos, desidratada por meio do seguinte processo: ao anoitecer, quando a temperatura cai sensivelmente, a batata é borrifada com água e exposta à luz da Lua. Pela manhã, antes da saída do Sol, ela é guardada dentro de uma habitação escura e ventilada. Nas noites seguintes repete-se a exposição ao luar, até que esteja completamente desidratada. Desta forma a batata não se altera mais e pode-se guardá-la por muito tempo. Para os nativos da região a cor branca da tunta é obra da Lua.

A energia do cristal-da-serra, acoplando-se dinamicamente à tunta, segue o seu rastro, imprimindo no cérebro físico e na mente concreta o poder estruturante da Silicea vegetabilizada nele presente.

Indicações

Em processos cerebrais e mentais, nos quais a atuação dos impulsos estruturantes dos planos mentais abstratos é deficiente ou está impedida, tais como em tumores, em quadros inflamatórios e degenerativos, na hiperestimulação e na autonomia da mente concreta.

Em lesões na rede etérica que delimita os subníveis do plano mental, concreto e abstrato.

Obs.: este preparado atua de modo semelhante ao *Solanum/Silicea*, porém este último age mais especificamente nas situações crônicas, já arraigadas, enquanto o *Croton/Solanum* naquelas ainda não manifestadas por completo no plano físico.

Apresentação/Posologia[2]

S1: frasco com 63 cápsulas; 1 cápsula 3 vezes ao dia.
S2: frasco com 42 cápsulas; 1 cápsula 2 vezes ao dia.
S3: frasco com 21 cápsulas; 1 cápsula 1 vez ao dia.

Hemovita

Composição

Própolis, Tintura-Mãe.
Urucum (*Bixa orellana*), sementes germinadas.

[2] A apresentação em cápsulas pode ser substituída pela apresentação em comprimidos, tabletes ou em pó. Essa observação é válida para todos os preparados dinamizados que se seguem.

Atuação

Atua na formação, purificação e regeneração do sangue, da linfa e dos líquidos intercelulares e intracelulares.

Desaloja toxinas cristalizadas no sangue, na linfa e nos líquidos intercelulares e intracelulares, purificando-os e favorecendo a liberação da luz interior das células.

O urucum atua pelo poder purificador e regenerador do ferro vegetabilizado presente em seu campo energético. A partir do sangue, irradia-se para o líquido intercelular e penetra o intracelular.

A própolis sustenta processos vitais no sangue.

Indicações

Auxiliar no tratamento das anemias em geral.

Em quadros de intoxicação endógena (auto-intoxicação) e exógena, e nas doenças crônicas.

Como agente purificador geral do ser.

Apresentação/Posologia

SO: frasco com 28 cápsulas; 1 cápsula 2 vezes ao dia.
S1: frasco com 63 cápsulas; 1 cápsula 3 vezes ao dia.
S2: frasco com 42 cápsulas; 1 cápsula 2 vezes ao dia.
S3: frasco com 21 cápsulas; 1 cápsula 1 vez ao dia.

Neuroton

Composição

Banana-figo (*Musa paradisiaca* ssp *sapientum*), fruto.
Caruru-roxo (*Amaranthus hybridus* ssp *paniculatus*), sementes.
Lima-da-pérsia (*Citrus aurantifolia*), casca do fruto.

Atuação

Age sobre a rede etérica, contraparte sutil do sistema nervoso (central e periférico) do ser.

Relaxa o sistema nervoso como um todo, para em seguida vitalizá-lo e tonificá-lo.

A energia do caruru-roxo rompe nódulos de cristalização na delicada rede nervosa sutil, relaxando-a, restabelecendo assim o fluxo das correntes de vida através de seus veios.

A banana-figo permeia com sua energia mantenedora essa rede, nutrindo-a.

A energia presente nas cascas da lima-da-pérsia tece um manto de proteção em torno da rede nervosa, fortalecendo-a e favorecendo a atuação dos outros elementos da composição.

Indicações

Quando há desvitalização e sobrecarga do sistema nervoso central e de sua rede periférica, bem como em casos de irritabilidade e excitabilidade nervosas.

Nos distúrbios de concentração, no estresse psíquico, nos desgastes mentais, na insônia nervosa.

Apresentação/Posologia

S1: frasco com 63 cápsulas; 1 cápsula 3 vezes ao dia.

S2: frasco com 42 cápsulas; 1 cápsula 2 vezes ao dia.

S3: frasco com 21 cápsulas; 1 cápsula 1 vez ao dia.

Solanum/Silicea

Composição

Cristal-de-rocha (*SiO_2 — Óxido de Silicea*).

Tunta (*Solanum tuberosum* ssp *imilia*), tubérculos dessecados.

Atuação / Indicação

Atua de modo semelhante ao *Croton/Solanum* e tem as mesmas indicações, porém este último age mais especificamente nos processos ainda não manifestados por completo no físico, enquanto o *Solanum/Silicea* naqueles já ancorados e arraigados.

Diferem-se apenas pela presença do cristal-de-rocha, que se acopla dinamicamente à tunta, seguindo o seu rastro e imprimindo no cérebro físico e na mente concreta o poder estruturante da Silicea nele presente.

Apresentação/Posologia

S1: frasco com 63 cápsulas; 1 cápsula 3 vezes ao dia.
S2: frasco com 42 cápsulas; 1 cápsula 2 vezes ao dia.
S3: frasco com 21 cápsulas; 1 cápsula 1 vez ao dia.

Preparados compostos não-dinamizados

Alfafa composta

Composição

Alfafa (*Medicago sativa*), sementes germinadas.
Argila calcinada (*Argilla ignea*).
Capim-gordura (*Melinis minutiflora*), parte aérea incinerada.
Guandu (*Cajanus cajan*), folhas incineradas.
Mandioca (*Manihot esculenta*), folhas incineradas.

Atuação

Atua na estrutura mineral do organismo como um todo, fortalecendo-a, ao fornecer-lhe uma fonte rica e variada de elementos e sais minerais vegetabilizados, concentrados e dinamizados.

Os brotos de alfafa, dentre as sementes germinadas, destacam-se pela sua grande e eficiente capacidade de lidar com os elementos e sais minerais.

A argila, calcinada e transmutada pelo fogo, acrescida de cinzas vegetais, forma uma composição rica em sais minerais e em oligoelementos, que, acoplada aos brotos de alfafa, se torna um poderoso instrumento para a mineralização e a estruturação do organismo.

Indicações

Quando se faz necessário o fortalecimento da estrutura mineral do organismo, para permitir a ancoragem de energias mais potentes de purificação, de transmutação e de cura. Fornece não só uma fonte rica e variada de elementos e sais minerais, como fortalece toda a estrutura mineral do ser.

Apresentação/Posologia

Frasco com 60 cápsulas; 1 cápsula 1 a 2 vezes ao dia (almoço e/ou jantar).

Digeston

Composição

Abacate (*Persia utilissima*), caroço.
Lobeira (*Solanum lycocarpum*), sementes e polpa do fruto.
Quina-vermelha (*Ladenbergia hexandra*), cascas do tronco.

Atuação

Atua sobre todos os órgãos do sistema digestivo, desde a cavidade bucal até o final do intestino grosso.

Abrange os processos pelos quais a substância ingerida passa, desde o momento em que é introduzida na boca, até ser incorporada definitivamente ao organismo, ou eliminada.

Desaloja e dissolve núcleos de energia psíquica conflitiva e de energia desagregadora que possam estar presentes no aparelho digestivo, para em seguida regenerar e consolidar a vitalidade dos órgãos.

O fruto da lobeira, pela sua qualidade de determinação e seu poder de implantação, dissolve estruturas congestionadas e cristalizadas que se encontrem no aparelho digestivo.

O caroço de abacate, pelo seu poder de recompor e de nutrir, regenera as áreas onde antes existiam estruturas que precisaram ser destruídas.

A quina, devido à sua capacidade de fixação, incorpora e consolida nos órgãos o que a eles chega como impulso de reconstrução.

Indicações

Desvitalização e degeneração do trato digestivo, caracterizadas por diversas manifestações e distúrbios, desde os mais simples até os mais arraigados e crônicos, tais como:

- dispepsias, disfunções orgânicas e distúrbios de absorção;
- doenças inflamatórias ou degenerativas, agudas ou crônicas;
- doenças metabólicas.

Apresentação/Posologia

S0: frascos de 63 cápsulas; 1 cápsula 3 vezes ao dia.

Obs.: a duração média de um tratamento é de 6 a 9 semanas.

Helianthus composto

Composição

Argila calcinada (*Argilla ignea*).
Girassol (*Helianthus annuus*), sementes germinadas.
Ora-pro-nóbis (*Pereskia aculeata*), folhas incineradas.

Atuação

Atua na estrutura mineral do organismo como um todo, dirigindo a ela elementos e sais minerais vegetabilizados, concentrados e dinâmicos, fornecendo uma fonte especialmente rica em fósforo.

O girassol guarda em si potentes energias estruturantes absorvidas do elemento-luz solar; suas sementes germinadas possuem, além disso, grande capacidade em lidar com elementos e sais minerais.

A oro-pro-nóbis é uma planta rica em sais minerais, notadamente em fósforo.

A argila, rica em sais minerais e em oligoelementos, calcinada e transmutada pelo fogo, acoplada aos brotos de girassol, torna-se um poderoso instrumento de mineralização e de estruturação do ser.

Indicações

Quando se faz necessário o fortalecimento da estrutura mineral do organismo, especialmente no que diz respeito ao elemento fósforo para permitir a ancoragem de energias mais potentes de purificação, de transmutação e de cura.

Apresentação/Posologia

Frasco com 60 cápsulas; 1 cápsula 1 a 2 vezes ao dia (almoço e/ou jantar).

Napus composto

Composição

Argila calcinada (*Argila ignea*).
Confrei (*Symphytum officinalle*), raizes incineradas.
Nabo (*Brassica napus*), sementes germinadas.
Ovo, cascas incineradas.

Atuação

Atua em todo o metabolismo do cálcio.

Dirige-se especificamente ao fortalecimento da estrutura esquelética, por meio do aporte de cálcio e de sais minerais vegetabilizados, concentrados e dinamizados, especialmente despertos e receptivos a impulsos mais sutis.

Indicações

Em todos os distúrbios do metabolismo do cálcio, tais como raquitismo, osteoporose, osteomalacia.

Em casos de fratura, como apoio à cicatrização óssea.

Quando há necessidade de fortalecimento da estrutura orgânico-esquelética para permitir a atuação de energias mais potentes de purificação e de cura.

Apresentação/Posologia

Frasco com 60 cápsulas; 1 cápsula 1 a 2 vezes ao dia (almoço e/ou jantar).

Neuronal

Composição

Argila calcinada (*Argila ignea*).

Cristal-da-serra (*Croton perdicepis*), raiz.

Tunta (*Solanum tuberosum* ssp *imilia*), tubérculos dessecados.

Atuação

Atua no sistema nervoso, tanto o central quanto o periférico, incluindo sua contraparte sutil.

Nutre, regenera e tonifica esse sistema como um todo.

A energia da tunta, devidamente processada e sutilizada, percorre um caminho que se inicia no tubo digestivo e prossegue em direção ao sistema nervoso central, levando seus impulsos ao cérebro físico e à mente concreta, atingindo os limites da mente abstrata.

A energia do cristal-da-serra, acoplada dinamicamente à tunta, segue o seu rastro, imprimindo no cérebro físico e na mente concreta o poder estruturante da Silicea vegetabilizada nele presente.

A argila, calcinada a alta temperatura, amalgama e dinamiza os elementos da composição, fornecendo os macronutrientes e os micronutrientes indispensáveis à vida celular.

Indicações

Quadros de desgaste e de cansaço mental.

Quadros de enfraquecimento e de desnutrição do sistema nervoso como um todo.

Quadros de hiperexcitabilidade mental; distúrbios de concentração.

Apresentação/Posologia

Frasco com 60 cápsulas; 1 cápsula pela manhã, em jejum, e outra à noite, ao se recolher.

Pancreoton I e II

Composição

Pancreoton I:

Lobeira (*Solanum lycocarpum*), polpa do fruto (9 partes) e sementes (1 parte) .... 20%.
Orysina .... 80%.

Obs.: a concentração da lobeira pode elevar-se até 100%, conforme a necessidade de cada caso.

Pancreoton II:

Carqueja (*Baccharis trimera*), parte aérea .... 20%.
Pata-de-vaca (*Bauhinia forficata*), folhas .... 40%.
Pedra-ume-caá (*Myrcia sphaerocarpa*), folhas .... 40%.

Atuação

Atua em toda a esfera de influência do pâncreas, tanto no aparelho digestivo, por meio das enzimas pancreáticas, quanto no metabolismo interno do organismo, por meio da insulina.

Apóia as funções pancreáticas, fortalecendo-as e participando da regeneração, da reestruturação e da tonificação do órgão.

Essa capacidade reequilibradora é posta em ação principalmente quando há, na vida externa do indivíduo, disciplina, ordem e aceitação serena da própria condição.

Indicações

Tratamento auxiliar nos diferentes tipos de diabetes.
Tratamento auxiliar nos quadros de hipoglicemia.
Como estímulo ao órgão pâncreas como um todo.

Apresentação/Posologia

Pancreoton I: frasco com 60 cápsulas; 1 cápsula antes do almoço e outra antes do jantar, ou mais, se necessário.

Pancreoton II: frasco com 60 cápsulas; 1 cápsula pela manhã, e outra à noite, ou mais se necessário.

Obs.: ambos os preparados devem ser usados juntos pelo período mínimo de 3 a 6 meses.

Preparados compostos vegetais, em pó

Antigripal

Composição

Assa-peixe (*Vernonia polyanthes*), folhas .... 90%.
Girassol (*Helianthus annuus*), sementes germinadas .... 10%.

Atuação

Atua em toda a árvore respiratória, incluindo as vias aéreas superiores e o sistema imunológico a ela referente.

O assa-peixe possui um tropismo positivo para a esfera pulmonar, imprimindo nela uma forte dinâmica de resolução e de eliminação de quadros inflamatórios e catarrais.

Os brotos de girassol, acoplados às folhas de assa-peixe e dinamizados juntos, intensificam nos pulmões a presença do elemento-luz estruturante, aumentando neles a resistência e a imunidade em casos de gripes fortes e recidivantes.

Indicações

Quadros de gripe aguda e intensa, com comprometimento do estado geral do organismo.

Quadros gripais recidivantes.

Apresentação/Posologia

Frasco com 40 cápsulas; 1 cápsula 4 vezes ao dia, ou mais freqüentemente, se necessário.

Depurativo

Composição

Girassol (*Helianthus annuus*), sementes germinadas .... 10%.
Mentrasto (*Ageratum conyzoides*), parte aérea .... 60%.
Milho (*Zea mays*), estigmas .... 30%.

Atuação

Atua em todos os órgãos e estruturas direta ou indiretamente ligados à função de excreção e de purificação do organismo, tanto no nível físico quanto em níveis sutis, tais como fígado, intestinos, rins, pulmões, sistema nervoso e pele, estimulando e fortalecendo seu funcionamento.

A purificação dá-se por meio das correntes líquidas que circulam no organismo — o sangue e a linfa, bem como os líquidos intercelulares e intracelulares — sendo os resíduos eliminados por intermédio dos rins, da pele, dos intestinos, dos pulmões e também por meio do sistema nervoso central, que, por sua vez, elimina resíduos psíquicos, principalmente durante a vida onírica.

Indicações

Quadros de intoxicação, tanto endógenas (auto-intoxicação) quanto exógenas.

Doenças crônicas, que provocam uma contínua produção de toxinas metabólicas.

Reabsorção de toxinas digestivas, geradas pela demora excessiva do bolo fecal dentro do intestino grosso.

Apresentação/Posologia

Frasco com 63 cápsulas; 1 cápsula 3 ou mais vezes ao dia, dependendo da necessidade e da resposta do organismo.

Obs.: esse preparado deverá ser usado pelo período de 1 a 3 meses, para que sua atuação se consolide.

Diurético

Composição

Alfavaca-cravo (*Ocimum* sp), parte aérea .... 25%.
Chapéu-de-couro (*Echinodorus grandiflorus*), folhas .... 25%.
Quebra-pedra (*Phylanthus niruri*), parte aérea florida.............. 25%.
Salsa (*Petroselinum sativum*), parte aérea .... 25%.

Atuação

Atua basicamente nos rins, estimulando e tonificando suas funções de filtragem e eliminação, por meio da ação específica de seus componentes, que agem como potentes diuréticos.

Indicações

Como impulso de purificação de todo o sistema renal.

Quadros de deficiência renal, em suas funções de filtragem e eliminação.

Quadros de sobrecarga renal, em sua tarefa sutil de transmutação.

Apresentação/Posologia

Frasco com 60 cápsulas; 1 cápsula 3 ou 4 vezes ao dia, dependendo da necessidade e da resposta do organismo.

Por exercer uma ação altamente diurética, a última dose, tanto das cápsulas quanto do chá, não deverá ir além do final da tarde. O seu tempo de uso varia de 1 a 3 semanas.

Obs.: Pode ser usado também sob a forma de chá (Veja *Chá Diurético*, página 181).

Leucidin

Composição

Alfafa (*Medicago sativa*), parte aérea .... 50%.
Bardana (*Arctium lappa*), folhas .... 50%.

Atuação

Atua sobre o sistema hematopoético (medula óssea, baço, sangue periférico), em suas funções de produção, regeneração e manutenção das células sanguíneas.

Promove o fortalecimento e a remineralização do sistema hematopoético, com intensa ação estruturante sobre suas diversas etapas e processos.

Indicações

Quadros de desestruturação do sistema hematopoético, com distúrbios em suas diferentes etapas, tais como nas várias formas de leucemia.

Auxiliar nos quadros mais rebeldes de anemia.

Apresentação/Posologia

Frasco com 63 cápsulas; 1 cápsula 3 ou mais vezes ao dia.

Obs.: esse preparado deverá ser usado pelo período de 1 a 3 meses, para que sua atuação se consolide.

Nutriente Vegetal

Composição

Nutriente Vegetal I

Alfafa (*Medicago sativa),* parte aérea .... 15%.
Capim-gordura (*Melinis minutiflora),* parte aérea .... 15%.
Caruru-roxo (*Amaranthus hybridus* ssp *paniculatus*), folhas .... 10%.
Guandu (*Cajanus cajan),* folhas .... 20%.
Mandioca (*Manihot esculenta),* folhas .... 15%.
Mandioquinha (*Arracacia xanthorrhiza),* folhas .... 15%.
Nabo (*Brassica napus),* folhas .... 10%.

Nutriente Vegetal II

Alfafa (*Medicago sativa*), parte aérea .... 21%.
Azedinha (*Rumex acetosa*), folhas .... 7%.
Bardana (*Arctium lappa*), folhas .... 12%.
Guandu (*Cajanus cajan*), folhas .... 20%.
Hortelã (*Mentha crispa*), folhas .... 7%.
Mandioquinha (*Arracacia xanthorrhiza*), folhas .... 21%.
Ora-pro-nóbis (*Pereskia aculeata*), folhas .... 12%.

Nutriente Vegetal III

Alfafa (*Medicago sativa*), parte aérea .... 21%.
Azedinha (*Rumex acetosa*), folhas .... 7%.
Bardana (*Arctium lappa*), folhas .... 7%.
Capim-gordura (*Melinis minutiflora*), parte aérea .... 21%.
Guandu (*Cajanus cajan*), folhas .... 21%.
Hortelã (*Mentha crispa*), folhas .... 14%.
Mandioquinha (*Arracacia xanthorrhiza*), folhas .... 9%.

Atuação

Esses nutrientes atuam na estruturação orgânico-mineral do corpo.

Indicações

Complementação dietética geral.

Quadros de carência em macronutrientes e micronutrientes.

Reforço da estrutura orgânico-mineral do ser, para permitir o trabalho com energias mais potentes e sutis.

Apresentação/Posologia

Pó, em embalagens de 50, 100 ou 250 g; 1 colher das de chá, 1 a 3 vezes ao dia, misturado a um alimento.

Reconstituinte Geral

Composição

Alfafa (*Medicago sativa*), folhas .... 15%.
Capim-gordura (*Melinis minutiflora*), parte aérea .... 15%.
Guandu (*Cajanus cajan*), folhas .... 15%.
Mandioca (*Manihot esculenta*), folhas .... 15%.
Mandioquinha (*Arracacia xanthorrhiza*), folhas .... 15%.
Ora-pro-nóbis (*Pereskia aculeata*), folhas .... 15%.
Stévia (*Stevia rebaudiana*), folhas .... 10%.

Atuação

Atua na regeneração e no fortalecimento do metabolismo geral.

Fornece sais minerais, vitaminas, proteínas, aminoácidos, oligoelementos e outras substâncias ativas necessárias aos processos biológicos, suprindo carências e reforçando a estrutura vital do organismo.

Indicações

Quando se faz necessária uma complementação dietético-energética em estados de deficiência nutricional e em situações de grande desgaste físico e psíquico.

Auxiliar em diversos tipos de anemia.

Apresentação/Posologia

Frasco com 80 cápsulas; 1 cápsula 3 ou mais vezes ao dia.

Obs.: esse preparado deverá ser usado pelo período de 1 a 3 meses, para que sua atuação se consolide.

Tônico Renal

Composição

Carqueja (*Baccharis trimera*), folhas e talos .... 10%.
Chapéu-de-couro (*Echinodorus grandiflorus*), folhas .... 15%.
Cipó-prata (*Banisteria argyrophylla*), parte aérea .... 15%.
Mentrasto (*Ageratum conyzoides*), parte aérea .... 15%.
Milho (*Zea mays*), estigmas .... 15%.
Panacéia (*Penax quinquefolium*), folhas .... 15%.
Panta-rei (*Villaresia congonha*), folhas .... 15%.

Atuação

Atua preponderantemente sobre os rins, no nível físico e sutil, estendendo sua influência sobre o restante do sistema urinário.

Regenera e tonifica os rins, tanto na sua função de filtrar e purificar o sangue, quanto na de transmutar energias por meio da ação específica de seus componentes.

Indicações

Auxiliar no tratamento de processos renais inflamatórios e degenerativos, agudos e crônicos.

Auxiliar no trabalho renal de transmutação de energias.

Apresentação/Posologia

Frasco com 80 cápsulas; 1 cápsula 3 ou mais vezes ao dia.

Obs.: esse preparado deverá ser usado pelo período de 1 a 3 meses, para que sua atuação se consolide.

Vermífugo I

Composição

Erva-de-santa-maria (*Chenopodium ambrosioides*), folhas e sementes .... 20%.
Hortelã-crespa (*Mentha crispa*), folhas .... 20%.
Orysina .... 60%.

Atuação

Atua basicamente nos intestinos, em casos de infestações por parasitas.

Purifica o tubo digestivo, reequilibra e vitaliza o meio interno, inibindo assim o desenvolvimento de verminoses.

Atua também diretamente sobre os vermes, eliminando-os.

Indicações

Nas helmintíases, nas giardíases e amebíases.

Indicado também como anti-séptico intestinal.

Apresentação/Posologia

Frasco com 45 cápsulas; 1 cápsula 3 vezes ao dia.

Vermífugo II

Composição

Abóbora (*Cucurbita moschata*), sementes .... 25%.
Mamão (*Carica papaya*), sementes .... 25%.
Orysina .... 50%.

Atuação

Atua basicamente nos intestinos, em casos de infestações por parasitas.

Purifica o tubo digestivo, reequilibra e vitaliza o meio interno, inibindo assim o desenvolvimento de verminoses, principalmente de teníases.

Atua também diretamente sobre os vermes, eliminando-os.

Indicações

Nas teníases e nas helmintíases.

Indicado também como anti-séptico intestinal.

Apresentação/Posologia

Frasco com 45 cápsulas; 1 cápsula 3 vezes ao dia.

Preparados compostos vegetais, em tinturas

Cicatricin

Composição

Aroeira (*Shinus molle*), casca do tronco .... 20%.
Barbatimão (*Stryphnodendron barbatimao*), tronco: cascas .... 20%.
Confrei (*Symphytum officinale*), toda a planta .... 30%.
Cristal-da-serra (*Croton perdicepis*), raízes .... 30%.

Atuação

Atua como cicatrizante, anti-séptico e antiinflamatório.

Indicações

Em feridas abertas, cortes, escoriações e queimaduras.
Auxiliar na cicatrização de feridas cirúrgicas.

Apresentação/Posologia

Frasco de 60 ml, para uso externo.
Pode-se aplicá-la de duas formas:

- usar a tintura diretamente sobre as partes afetadas, quando estas forem de pequena extensão;

- usar a tintura em compressas, aplicando-a na proporção de 1 a 2 colheres das de chá para 50 ml de água, quando as feridas forem de média ou grande extensão.

Eutensin

Composição

Capim-cidreira (*Cymbopogon citratus*), folhas .... 20%.
Embaúba (*Cecropia peltata*), folhas novas .... 40%.
Sete-sangrias (*Cuphea mesostemon*), parte aérea .... 40%.

Atuação

Auxilia na manutenção do equilíbrio da correta tensão da energia no sistema circulatório do ser.

Atua como hipotensor e diurético, nos casos de hipertensão leve e moderada, exercendo também ação tônica sobre o coração.

Indicações

Quadros de hipertensão arterial benigna, reacional, com retenção hídrica e sobrecarga cardíaca.

Apresentação/Posologia

Frasco com 60 e 120 ml; 1 colher das de chá, 2 a 4 vezes ao dia.

Hepatobiliar

Composição

Boldo (*Coleus barbatus*), folhas .... 30%.
Capim-cidreira (*Cymbopogon citratus*), folhas .... 20%.
Carqueja (*Baccharis trimera*), folhas e talos .... 30%.
Tanchagem (*Plantago major*), folhas .... 20%.

Atuação

Estimula as funções hepáticas e biliares, o que se reflete na purificação do sangue que, por sua vez, retira das células e do líquido intercelular toda sorte de resíduos e toxinas. Processa-se desse modo uma vitalização no organismo físico inteiro.

A carqueja e o boldo ativam as funções hepáticas e biliares.

A tanchagem atua como antiinflamatório.

O capim-cidreira tem ação antiespasmódica, levando o organismo a um equilíbrio, caso a carqueja e o boldo ativem em excesso as funções hepáticas e biliares.

Indicações

Quando se faz necessária uma purificação do sangue e dos líquidos intracelulares e intercelulares.

Deficiências hepáticas, biliares e digestivas em geral.

Auxiliar nos diversos quadros inflamatórios e degenerativos do fígado e da vesícula.

Nos quadros psíquicos associados a deficiências hepáticas e biliares, tais como depressões endógenas, oscilações do humor, ataques de ira e distúrbios da volição.

Auxiliar no trabalho de purificação do sistema hepatobiliar.

Apresentação/Posologia

As ervas podem ser usadas sob a forma de chá, preparado por infusão ou decocção leve, ou como tintura, dependendo da necessidade.[1]

---

[1] Para o preparo dos chás e da tintura, vide "Informações complementares" na 6ª Parte

A tintura é apresentada em frascos com 60 e 120 ml.

As ervas secas são apresentadas em embalagens de 100 g.

A posologia é sempre individual. Como referência, pode-se sugerir:

- 1 a 2 colheres das de chá da tintura, após as 2 refeições principais; ou 1 a 2 colheres das de chá, em jejum, nos casos de uma vesícula lenta, ou
- 1 xícara do chá, após as 2 refeições principais; ou 1 xícara, em jejum, também nos casos de uma vesícula lenta.

Obs.: a duração do tratamento varia de 1 a 3 semanas.

Passifloral

Composição

Capim-cidreira (*Cymbopogon citratus*), folhas .... 35%.
Laranja-da-terra (*Citrus aurantium*), folhas e flores .... 35%.
Maracujá (*Passiflora alata*), folhas .... 30%.

Atuação

Atua sobre cada corpo material do ser, eliminando-lhes tensões e congestionamentos de energia, relaxando-os e favorecendo a liberação da consciência para o correto adormecer.

O capim-cidreira relaxa tensões e espasmos no corpo físico.

As folhas de maracujá aquietam e harmonizam os movimentos do corpo emocional.

As folhas e flores da laranjeira dissolvem congestionamentos de energia do corpo mental, apaziguando-o.

---

do livro PLANTAS QUE AJUDAM O HOMEM, Dr. José Maria Campos e Dr. José Caribé, e também o Apêndice do livro GUIA PRÁTICO DE TERAPÊUTICA EXTERNA, Dr. José Maria Campos, ambos publicados pelas Editoras Cultrix/Pensamento.

Indicações

Na insônia que tem como origem alterações em um, ou em mais de um dos corpos inferiores humanos: no físico, no emocional ou no mental.

Auxiliar na harmonização dos corpos em geral.

Apresentação/Posologia

Frascos de 60 e 120 ml; 1 colher das de chá, 1 a 3 vezes ao dia.

Usa-se essa composição também sob a forma de chá (*veja Chá Harmonizador do Sono* na página 182).

Chás

Diurético

Composição

Alfavaca-cravo (*Ocimum* sp), parte aérea florida .... 25%.
Chapéu-de-couro (*Echinodorus grandiflorus*), folhas .... 25%.
Quebra-pedra (*Phyllantus niruri*), parte aérea .... 25%.
Salsa (*Petroselinum sativum*), parte aérea .... 25%.

Atuação

Atua basicamente nos rins, estimula e tonifica suas funções de filtragem e de eliminação, por meio da ação específica de seus componentes, agindo como potente diurético.

Indicações

Como impulso de purificação de todo o sistema renal.

Quadros de deficiência renal, em suas funções de filtragem e eliminação.

Quadros de sobrecarga renal, em sua tarefa sutil de transmutação.

Auxiliar na purificação geral do organismo.

Apresentação/Posologia

Embalagens com 100 g da mistura das ervas secas; 1 xícara das de chá, 3 a 4 vezes ao dia, dependendo da necessidade e da resposta do organismo. O chá deve ser preparado por infusão ou por decocção leve.

Por exercer uma ação altamente diurética, a última dose deverá ser no final da tarde. O seu tempo de uso varia de 1 a 3 semanas.

Usado também sob forma de cápsulas (veja *Diurético*, página 167).

Harmonizador do Sono

Composição

Capim-cidreira (*Cymbopogon citratus*), folhas .... 35%.
Laranja-da-terra (*Citrus aurantium*), folhas e flores .... 35%.
Maracujá (*Passiflora alata*), folhas .... 30%.

Atuação/Indicações

Vide *Passifloral*, página 178.

Apresentação/Posologia

Embalagens com 100 g da mistura do chá; tomar 1 xícara, à noite, ao se recolher, ou 1 a 3 vezes ao dia, se necessário. Preparar o chá, sob a forma de infusão ou de decocção leve.

Também usado sob a forma de tintura (veja *Passifloral*, página 178).

Purificador

Composição

Alecrim-do-campo (*Baccharis dracunculifolia*), parte aérea florida 25%.
Artemísia (*Artemisia verlotorum*), parte aérea .... 25%.

Mastruz (*Lepidium pseudodydimum*), parte aérea florida .... 25%.
Mentrasto (*Ageratum conyzoides*), parte aérea florida ....25%.

Atuação

Atua na esfera genital, purificando-a e transmutando energias instintivo-sexuais.

Indicações

Como auxiliar na purificação do sistema genital daqueles que não mantêm castidade física.

Apresentação/Posologia

Embalagens com 100 g da mistura das ervas secas; tomar 1 xícara das de chá pela manhã, no desjejum, e à noite, ao se recolher ao sono, durante pelo menos 1 semana.

O chá pode ser usado também externamente, sob a forma de banhos de assento, ou em lavagem interna, por 3 dias.

Pomadas

Resolutiva

Composição

Aroeira (*Schinus molle*), cascas do tronco .... 30%.
Espiga-de-ouro (*Solidago microglossa*), parte aérea florida........ 35%.
Verbasco (*Buddleya brasiliensis*), parte aérea florida .... 35%.

Atuação

Atua nos traumatismos fechados, onde não há ruptura da pele, exercendo ação antiinflamatória, analgésica e emoliente.

Indicações

Traumatismos agudos e crônicos, tais como contusões, entorses, luxações e hematomas.

Quadros articulares inflamatórios, agudos ou crônicos, tais como reumatismos, artrites e artroses.

É mais efetiva em quadros superficiais e não crônicos.

Apresentação/Posologia

Potes de 15 g; aplicar sobre a área afetada, friccionando bem, 3 ou mais vezes ao dia.

Ricinus composta

Composição

Espiga-de-ouro (*Solidago microglossa*), parte aérea florida .... 35%.
Mamona (*Ricinus communis*), óleo das sementes .... 30%.
Verbasco (*Buddleya brasiliensis*), parte aérea florida .... 35%.

Atuação

Atua nos traumatismos fechados, onde não há ruptura da pele, exercendo ação antiinflamatória, analgésica e emoliente.

Indicações

Traumatismos agudos e crônicos, tais como contusões, entorses, luxações e hematomas.

Quadros articulares inflamatórios, agudos ou crônicos, tais como reumatismos, artrites e artroses.

É mais efetiva em casos crônicos.

Apresentação/Posologia

Potes de 15 g; aplicar sobre a área afetada, friccionando bem, 3 ou mais vezes ao dia.

Óleos essenciais

Eucaliptus

Composição

Eucalipto citriodora (*Eucaliptus citriodora*), óleo essencial: folhas.

Atuação

Transmuta e eleva forças e energias no ser humano; revitaliza.

Favorece o contato com planos de consciência sutis e o estabelecimento de certas ligações interdimensionais.

Indicações

Em banhos de imersão, compressas e pedilúvios[1].

Apresentação/Posologia

Frascos de 10 ml; uso externo.

---

[1] Para banhos de imersão, compressas e pedilúvios, vide GUIA PRÁTICO DE TERAPÊUTICA EXTERNA, do mesmo autor, Editoras Cultrix/Pensamento.

Síntese das qualidades sutis das plantas e dos produtos citados

Alfafa composta

Fortalece a estrutura orgânico-mineral, no que diz respeito aos elementos e aos sais minerais de modo geral, para permitir a atuação de energias mais potentes de purificação e cura; auxilia a sutilização do ser, por conter elementos dinâmicos capazes de levá-lo a responder mais prontamente aos estímulos de energias superiores.

Antigripal

Intensifica nos pulmões a presença do elemento-luz estruturante, fortalecendo-lhe o sistema imunológico.

Artemísia

Transmuta e eleva forças instintivas, atuando preferencialmente em corpos de polaridade feminina.

Barbatimão

Transmuta e eleva forças instintivas, atuando preferencialmente em corpos de polaridade masculina.

Cicatricin

Atua por meio de diferentes elementos vegetais estruturantes da forma, sendo empregada mais especificamente nos casos onde há ruptura da pele.

Croton/Solanum

Favorece a interação da mente concreta com a abstrata do ser humano; abre espaço para o afluxo de energias mais puras e potentes, vindas de planos superiores.

Depurativo

Participa na purificação do organismo como um todo, tanto dos seus níveis físicos, quanto dos mais sutis.

Digeston

Desaloja e dissolve núcleos de energia conflitiva e desagregadora que possam estar presentes no aparelho digestivo, regenerando e consolidando a vitalidade de seus órgãos.

Diurético

Atua como impulso de purificação de todo o sistema renal, apoiando-o também na sua tarefa sutil de transmutação.

Eucaliptus

Transmuta e eleva forças e energias; revitaliza.
Favorece o contato com planos sutis.

Eutensin

Auxilia a manutenção do equilíbrio dinâmico da correta tensão da energia no ser.

Harmonizador do Sono

Harmoniza a ação dos corpos sutis[1], favorecendo o sono.

Helianthus

Potente condutor de energias oriundas do Sol; purifica, transmuta e estrutura.

Helianthus composto

Fortalece toda a estrutura mineral do organismo, mais especificamente no que diz respeito ao fósforo, para a ancoragem de energias mais potentes de purificação, de transmutação e de cura, favorecendo assim a sutilização do ser.

Hemovita

Desaloja toxinas cristalizadas nos líquidos orgânicos, purifica-os e regenera-os, favorecendo a liberação da luz interior das células.

Hepatobiliar

Estimula as funções hepáticas e biliares, purificando o sangue e as células e vitalizando todo o organismo físico.

Lantana

Potente instrumento da energia Brill.

Dirige sua ação curativa, regeneradora, mais especificamente para a esfera mental de seres em corpos masculinos, auxiliando a ascensão da energia mental, dissolvendo nódulos e cristalizações e transmutando forças retrógradas e dissolutivas.

Leucidin

Promove o fortalecimento e a remineralização do sistema hematopoético, com intensa ação estruturante sobre suas diversas etapas e funções.

---

[1] Corpos etérico, astral e mental do ser humano.

Lippia

Potente instrumento da energia Brill.

Dirige sua ação curativa, regeneradora, mais especificamente para a esfera emocional de seres em corpos femininos, auxiliando a ascensão da energia emocional e transmutando forças primárias e inconscientes.

Napus composto

Fortalece toda a estrutura orgânica e esquelética, mais especificamente no que diz respeito ao cálcio, para permitir a atuação de energias mais potentes de purificação e cura; auxilia o processo de sutilização do ser.

Neuronal

Nutre e regenera o sistema nervoso como um todo, incluindo sua contraparte sutil.

Neuroton

Atua sobre a rede etérica, contraparte sutil do sistema nervoso, relaxando-o e tonificando-o.

Nicotiana

Corrige deformações do corpo emocional; dissolve nódulos de energia desagregadora; exerce ação antideformante.

Nutriente Vegetal

Atua na estruturação orgânico-mineral do corpo, nutrindo-o e fortalecendo-o.

Pancreoton I e II

Estimulam as funções pancreáticas, por meio de potentes impulsos vegetais reestruturantes, regenerando e tonificando o órgão como um todo.

Passifloral

Harmoniza a ação dos corpos sutis[2], favorecendo o sono.

Purificador

Atua preponderantemente na esfera genital, purificando-a e transmutando forças instintivo-sexuais.

Pyrostegia

Potente instrumento transmutador e vivificador solar.

Reconstituinte Geral

Reforça a estrutura vital do organismo, apoiando e ativando seus processos biológicos.

Resolutiva (pomada)

Atua na reestruturação da forma lesada, sendo mais efetiva em casos superficiais e não crônicos.

Ricinus composta (pomada)

Atua de maneira semelhante à da pomada Resolutiva, porém, possui ação mais efetiva em casos arraigados e crônicos.

Solanum

Transmuta e eleva forças volitivas primárias para a esfera volitiva superior do ser; atua preferencialmente em corpos de polaridade masculina.

Solanum/Silicea

Favorece a interação da mente concreta com a abstrata do ser humano;

---

[2] Corpos etérico, astral e mental do ser humano.

abre espaço para o afluxo de energias mais puras e potentes, vindas de planos superiores.

Thunbérgia

Potente instrumento da energia Brill.

Dirige seus impulsos curativos, regeneradores, mais especificamente para a esfera mental de seres em corpos femininos, auxiliando a ascensão da energia mental, dissolvendo nódulos e cristalizações, transmutando forças retrógradas e dissolutivas.

Tônico Renal

Regenera e tonifica os rins, tanto na sua função de filtrar e purificar o sangue, quanto na de transmutar energias.

Tropaeolum

Potente instrumento da energia Brill.

Dirige sua ação curativa, vivificadora, mais especificamente para a esfera emocional de seres em corpos masculinos, auxiliando a ascensão da energia emocional e transmutando forças primárias e inconscientes.

Vermífugo I e II

Purificam o tubo digestivo, reequilibram e vitalizam o seu meio interno, inibindo o desenvolvimento de parasitas.

Palavra final

Todos os preparados aqui descritos, bem como suas formas de atuação e indicações terapêuticas, foram surgindo a partir das necessidades dos indivíduos que eu acompanhava e com os quais convivia. Em nenhum momento alimentei a idéia de criar medicamentos que correspondessem estritamente ao que, direta ou indiretamente, me era solicitado.

Posso dizer que no decorrer dessas descobertas percebia descortinar-se à minha frente um caminho que por vezes me parecia previamente traçado. Em muitos casos, apresentavam-se ao meu redor primeiro as necessidades, e a seguir as orientações internas de como supri-las. Em outros casos, vinha-me a impressão de que uma planta ou substância poderia ter determinado uso, para algum tempo depois ver surgirem as situações que lhe correspondiam exatamente. E, de maneira repetida, ocorria também de orientações internas e necessidades aparecerem ao mesmo tempo.

As respostas positivas que podia observar nos indivíduos que voluntária e conscientemente usavam os medicamentos, além dos relatos que eles próprios me faziam, confirmavam-me as impressões iniciais ou ampliavam-nas.

É profundo hoje no planeta o trabalho de purificação realizado pelas Hierarquias espirituais que auxiliam o desenvolvimento interno da humanidade e sua elevação a patamares de vida mais sutis. As energias de cura vertem-se copiosamente sobre ela e o seu fluir encontra núcleos cristalizados que precisam ser desfeitos para que certos passos sejam dados. Isso pode gerar nos corpos crises mais ou menos intensas, conforme a resistência a ser dissolvida.

Foi para apoiar os processos dos seres que aderiram à ascensão e que ainda têm ajustes nos corpos a fazer que esses sutis instrumentos de cura nos foram revelados. Todavia, como a ascensão é um movimento dinâmico, em que as necessidades continuamente se atualizam, e como estamos todos em perene transformação e aperfeiçoamento, a pesquisa de novos medicamentos e procedimentos prossegue sempre, sintonizada com os níveis superiores de consciência.

Apêndice

Identificação botânica das plantas citadas

Ervas

Ervas são plantas de porte geralmente pequeno, não-lenhosas, cujas partes aéreas vivem menos de um ano, podendo as partes subterrâneas ser perenes.

Alfafa (*Medicago sativa* L. — *Leguminosae*)

- Sinônimo: luzerna.
- Planta perene, herbácea, ereta, de 60 a 90 cm de altura.
- Folhas dispostas alternadamente, compostas de três folíolos ovais.
- Flores pequenas, em número de 5 a 15, de cor violácea, dispostas em cachos abertos.
- Planta de crescimento estival, mais cultivada no sul do país, predominantemente como forrageira; altas temperaturas e alta intensidade luminosa promovem seu grande desenvolvimento vegetativo e reprodutivo; floresce na primavera/verão; reproduz-se por sementes; utiliza-se a parte aérea da planta; também usada na alimentação humana, principalmente sob a forma de sementes germinadas.

Alfavaca-cravo (*Ocimum sp* L. — *Labiatae*)

- Planta anual ou perene, herbácea, ereta, de pequeno porte, com até

60 cm de altura; galhos quadrangulares, pilosos quando novos, muito ramificados.

- Folhas opostas-cruzadas, ovais, pecioladas, de 3 a 5 cm de comprimento, verde-claras.
- Flores, de brancas a levemente rosadas, dispostas em inflorescências tipo espiga ou cachos terminais.
- Há diversas espécies do gênero *Ocimum* com o mesmo nome popular, bastante aromáticas; cruzam-se facilmente entre si, apresentando grande número de subespécies e variedades; preferem clima subtropical e temperado, quente e úmido; florescem no verão e outono; reproduzem-se por sementes ou estaquia; utilizam-se as folhas, colhidas na época da floração e também as inflorescências.

Artemísia (*Artemisia verlotorum* Lamotte — *Compositae*)

- Sinônimos: absinto, artemija, losna, losna-brava.
- Planta perene, herbácea, constituída de rizomas, ereta, de 40 a 80 cm de comprimento, caule pouco ramificado, densamente folhoso; toda a planta exala um suave aroma.
- Folhas dispostas alternadamente, lisas, de cor branca e cobertas de lanugem na face inferior; as folhas inferiores são profundamente segmentadas, as superiores apresentam alguns lobos.
- Flores amareladas, reunidas em inflorescências no ápice dos ramos e nas axilas das folhas, inseridas num eixo comum.
- Vegeta desde o Nordeste até o Sul do país, incluindo também o Centro-Oeste; floresce no outono/inverno; reproduz-se por sementes e por rizomas; utilizam-se as folhas.

Obs.: há inúmeras variedades de artemísia, com qualidades semelhantes. A variedade *Artemisia verlotorum* tem grande capacidade de reprodução pelos rizomas intensamente ramificados.

Azedinha (*Rumex acetosa* L. var. *hortensis* Dierb — *Polygonaceae*)

- Sinônimo: azedinha-da-horta.
- Planta herbácea, de caule ereto, fistuloso, estriado e freqüentemente avermelhado, com até 80 cm de altura.
- Folhas carnosas, as inferiores pecioladas, oblongas ou ovaladas, sagitadas; as superiores sem pecíolos e amplexicaules.

- Flores avermelhadas, pequenas, dispostas em panículas terminais e laterais.
- Originária das zonas temperadas e frias do Hemisfério Norte e Sul; apresenta inúmeras variedades, todas comestíveis, e esta descrita é a mais cultivada entre nós; nas regiões mais quentes não chega a florescer; reproduz-se por sementes ou por divisão das plantas adultas; utilizam-se as folhas.

Banana-figo[1] (*Musa paradisiaca* L ssp *sapientum* Schum. — *Musaceae*)

- Planta herbáceo-arborescente, de pseudocaule mais ou menos cilíndrico, formado pelas bainhas dos pecíolos superpostas; de até 6 m de altura.
- Flores numerosas, com brácteas roxas decíduas.
- Fruto oblongo, geralmente triangular, às vezes cilíndrico; sempre carnoso, ligeiramente recurvado, às vezes reto; amarelo ou avermelhado, de 8 a 20 cm de comprimento, com uma polpa doce e mais ou menos aromática, comestível crua ou assada.
- Cultivada em quase todo o país; floresce durante praticamente o ano inteiro, principalmente no período mais quente; reproduz-se por meio de rizoma inteiro ou parte dele, e ainda por meio de plantas novas, antes que as folhas se abram; utilizam-se os frutos.

Bardana[2] (*Arctium lappa* L. — *Compositae*)

- Sinônimos: bardana-maior, erva-dos-tinhosos, gobô, orelha-de-gigante.
- Planta bianual, herbácea, ereta, de até 2 m de altura, caule bem ramificado, coberto de pêlos.
- Folhas grandes, dispostas alternadamente, pecioladas; as inferiores em forma de coração; as superiores, ovaladas.
- Flores azul-arroxeadas, reunidas em inflorescências inseridas num eixo comum.

---

[1] A bananeira, do ponto de vista botânico, é considerada uma planta herbáceo-arborescente, pois apresenta um pseudocaule que morre após cada frutificação.

[2] A bardana, do ponto de vista botânico, é considerada uma erva, pois sua parte aérea vegetativa desaparece após o ciclo de floração/frutificação.

- Planta aclimatada no país; prefere regiões de clima mais ameno e necessita de períodos frios para florescer; é espontânea em regiões de até 1.800 m de altitude; floresce no verão; reprodução por sementes; utilizam-se as folhas e as raízes.

Obs.: além dessa espécie, bardana-maior, há outra variedade no país, a bardana-menor, ou bardana-comum (*Arctium minus*), de menor porte, com propriedades semelhantes à primeira.

Boldo (*Coleus barbatus* Benth — *Labiatae*)

- Sinônimos: boldo-do-reino, boldo-nacional, boldo-silvestre e falso-boldo.
- Planta perene, herbáceo-subarbustiva, de ramos deitados ou eretos; caule quadrangular, densamente coberto de pêlos, de até 1,5 m de altura.
- Folhas opostas, ovaladas, curto-pecioladas, de margem serrada, pilosas em ambas as faces, aromáticas, amargas, suculentas, com até 12 cm de comprimento por 8 cm de largura.
- Flores azul-violáceas, agrupadas em longas inflorescências eretas, do tipo cacho.
- Planta de clima tropical, vegeta em todo o país, porém só floresce na região Sul e a altitudes acima de 700 m; não se desenvolve bem em locais muito sombreados; floresce no inverno; reproduz-se por sementes e estaquia; utilizam-se as folhas.

Capim-cidreira (*Cymbopogon citratus* Stapf. — *Gramineae*)

- Sinônimos: capim-cheiroso, capim-limão, chá-de-estrada, capim-santo, erva-cidreira.
- Planta perene, herbácea, ereta, com até 2 m de altura, de touceiras compactas e grandes, rizomas curtos; caule tipo colmo, liso, sem pêlos; exala intenso aroma ao ser tocada.
- Folhas alongadas, lineares, lanceoladas, de até 80 cm de comprimento, ásperas nas duas faces, bordo cortante, recobertas por uma fina camada de cera esbranquiçada.
- Flores reunidas em panículas.
- Aclimatada no país, vegeta em todos os Estados, preferindo climas quentes e úmidos, com chuvas bem distribuídas e temperatura mé-

dia elevada; não resiste a geadas, porém rebrota na primavera; floresce raramente no Brasil; utilizam-se as folhas.

Capim-gordura (*Melinis minutiflora* Beauv. — *Gramineae*)

- Planta perene, herbácea, ereta, entouceirada; colmos com nós pilosos e avermelhados, de 40 a 80 cm de altura.
- Folhas lanceoladas, lineares, cobertas de pêlos, aromáticas, com sensação de gordura ao tato, de 6 a 10 cm de comprimento por 5 a 10 mm de largura.
- Inflorescências em panículas compostas, de coloração roxo-avermelhadas ou violáceas.
- Forrageira rústica, de grande rapidez de crescimento, desenvolve-se espontaneamente em qualquer tipo de solo; floresce no verão/outono; reproduz-se por sementes, rizomas e estolhos; utiliza-se a parte aérea da planta.

Caruru-roxo [*Amaranthus hybridus* L. ssp. *paniculatus* (L.) Thell. — *Amaranthaceae*]

- Sinônimos: bredo-vermelho, caruru, caruru-bravo, crista-de-galo.
- Planta anual, herbácea, ereta; caule ramificado, pigmentado, de 40 a 100 cm de comprimento.
- Folhas dispostas alternadamente, pecioladas, de 4 a 15 cm de comprimento por 2 a 8 cm de largura.
- Flores de coloração roxa ou vinho, sésseis, dispostas em inflorescências terminais ou axilares, em forma de pequenos glomérulos.
- Nativa da América Tropical, é utilizada como alimento humano em toda a América Central desde os tempos do descobrimento; possui grande capacidade reprodutiva; floresce no verão/outono; reproduz-se por sementes; utilizam-se suas sementes.

Chapéu-de-couro (*Echinodorus grandiflorus* Mitch. — *Alismataceae*)

- Sinônimos: chá-de-campanha, chá-mineiro, congonha-do-brejo, erva-do-brejo.
- Planta aquática, perene, herbácea; caule triangular, desprovido de pêlos, de 1,5 a 2 m de altura.

- Folhas coriáceas, longo-pecioladas, ovaladas ou cordiformes, grandes, de 60 a 150 cm de comprimento por 35 cm de largura.
- Flores brancas, pequenas, numerosas, perfeitas, dispostas em inflorescências tipo panícula.
- Cresce espontaneamente nas margens dos rios, lagos e pântanos em São Paulo, Minas Gerais, Mato Grosso e em outros Estados; floresce na primavera/verão; reproduz-se principalmente por sementes; utilizam-se as folhas antes do período de floração.

Confrei (*Symphytum officinalle* L. — *Borraginaceae*)

- Sinônimos: consolda, consólida.
- Planta perene, herbácea, ereta, de touceiras com até 80 cm de altura; caule ramificado, vigoroso, áspero, anguloso e alado.
- Folhas ovaladas e lanceoladas, um pouco onduladas, ásperas e revestidas de pêlos.
- Flores grandes, de cor branca, amarela ou violácea, reunidas em inflorescências no ápice dos ramos.
- Pode vegetar em todo o país, cultivada em hortas e jardins; prefere solos úmidos e ricos em matéria orgânica; floresce no verão; reproduz-se pelos seus grossos rizomas; utilizam-se as folhas, os rizomas e as raízes, para uso externo apenas.

Cristal-da-serra (*Croton perdicepis* St. Hil. — *Euphorbiaceae*)

- Sinônimos: canela-de-perdiz, curraleira, erva-curraleira, erva-molar, pé-de-perdiz.
- Planta perene, herbácea, ereta, de até 50 cm de altura; caule pouco ramificado, fino, avermelhado e áspero ao toque; as folhas e as raízes desprendem um aroma suave e agradável.
- Folhas dispostas alternadamente, ásperas, de 10 a 15 cm de comprimento e de 3 a 5 cm de largura.
- Flores brancas, dispostas na parte superior dos ramos, em forma de espigas.
- Vegeta em quase todos os Estados do país, em campos e serras, preferindo lugares altos e formados de rochas graníticas em decomposição, ricas em sílica; floresce no verão; reproduz-se por sementes e por profundos rizomas; utilizam-se as raízes, os ramos e as folhas; as raízes são as mais ricas em Silicea.

Erva-de-santa-maria (*Chenopodium ambrosioides* L. — *Chenopodiaceae*)

- Sinônimos: ambrosia, erva-das-lombrigas, lombrigueira, mastruço.
- Planta anual, herbácea, ereta, desprovida de pêlos, com odor forte e peculiar, de 20 a 150 cm de comprimento.
- Folhas dispostas alternadamente, as inferiores pecioladas, as superiores sésseis, de 5 a 10 cm de comprimento.
- Flores pequenas, esverdeadas.
- Planta abundante em quase todos os Estados do país, onde cresce espontaneamente; ocorre em beira de estradas, terrenos baldios e solos arenosos; floresce no verão; reproduz-se por sementes; utilizam-se as folhas e os frutos; colhida na floração, apresenta maior teor na essência aromática dela obtida; com frutos (sementes), apresenta maior porcentagem de ascaridol nessa essência; é uma planta tóxica.

Espiga-de-ouro (*Solidago microglossa* DC.— *Compositae*)

- Sinônimos: arnica, arnica-do-campo, erva-lanceta, lanceta.
- Planta perene, herbácea, ereta, de 80 a 120 cm de altura; caule simples, sem ramificações, coberto de pêlos; toda a planta exala um suave aroma.
- Folhas numerosas, dispostas alternadamente, em espiral; de 5 a 10 cm de comprimento e de 1 a 2 cm de largura.
- Flores pequenas, de um amarelo intenso, muito vistosas, reunidas em inflorescências no ápice das plantas, em número de 20 a 30 por grupo.
- Vegeta no Centro, no Sul e no Nordeste do país; floresce no verão; reproduz-se por sementes e pelos seus profundos rizomas; utilizamse as folhas e as inflorescências.

Girassol[3] (*Helianthus annuus* L.— *Compositae*)

- Planta oleaginosa, anual, herbácea, ereta; caule cilíndrico, não ramificado, de 1 a 3 m de altura.

---

[3] O girassol, do ponto de vista botânico, é considerado uma erva, pois toda a planta morre após completar seu ciclo vegetativo.

- Folhas longo-pecioladas, cordiformes, irregularmente denteadas, com três nervuras principais e salientes.
- Flores amarelo-douradas, dispostas em inflorescências tipo capítulos, multiformes, com até 50 cm de diâmetro.
- Planta cultivada em todas as partes do mundo, rústica e resistente à falta de água; floresce no verão; reproduz-se por sementes; utilizam-se as sementes, as folhas, as flores e o pólen.

Hortelã-crespa (*Mentha crispa* L. — *Labiatae*)

- Sinônimos: hortelã-comum, hortelã-rasteira, hortelãzinho, menta.
- Planta perene, herbácea, de ramos eretos, quadrangulares, ramificados na porção superior.
- Folhas opostas, curto-pecioladas, ovaladas, com margens abruptamente denteadas, enrugadas, pilosas e aromáticas.
- Flores tubulares, labiadas, dispostas em cachos terminais e axilares.
- As espécies de hortelã cruzam-se facilmente entre si, motivo pelo qual sua identificação botânica é bastante complexa; originária de clima temperado, adaptam-se bem a climas subtropical e tropical com boa iluminação solar e chuvas bem distribuídas; suportam altas temperaturas, desde que não haja deficiência de água no solo; temperaturas muito elevadas associadas a pouca água diminuem o seu teor de óleos aromáticos; florescem na primavera/verão; utilizam-se as folhas.

Mandioquinha[4] (*Arracacia xanthorrhiza* Bancr. — *Umbeliferae*)

- Sinônimos: baroa, batata-baroa, batata-fiúza, batata-salsa, cenoura-amarela, mandioquinha-salsa.
- Planta semiperene, herbácea, com até 60 cm de altura.
- Folhas pinadas, serreadas, de lobos acuminados.
- Flores de pétalas lanceoladas ou ovaladas, inteiras.
- Originária da América Central, cultivada entre nós principalmente nos Estados do Sul e Sudeste: Paraná, Santa Catarina, São Paulo e Minas Gerais; prefere os lugares altos (de 1.700 a 2.500 m de altitude) e

---

[4] A mandioquinha, do ponto de vista botânico, é considerada uma erva, pois sua parte aérea desaparece após completar seu ciclo vegetativo.

de clima temperado; floresce raramente entre nós; reproduz-se por meio de mudas, retiradas de touceiras vigorosas e sadias; utilizam-se as folhas e as raízes.

Mastruz (*Lepidium pseudodydimum* Thell. — *Cruciferae*)

- Sinônimos: mastruço, mentruz.
- Planta anual, herbácea, aromática; caule muito ramificado, prostrado e estendido radialmente, de 15 a 30 cm de comprimento.
- Folhas dispostas alternadamente, compostas, as superiores quase sésseis, as inferiores longo-pecioladas.
- Flores pequenas, branco-esverdeadas, dispostas em inflorescências axilares ou terminais tipo cacho.
- Planta de origem européia, aclimatada no Brasil, vegeta principalmente nos Estados do Sul, incluindo o sul de Minas Gerais e do Mato Grosso do Sul; floresce no inverno/primavera; reproduz-se por sementes; utiliza-se a parte aérea da planta.

Mentrasto (*Ageratum conyzoides* L. — *Compositae*)

- Sinônimos: erva-de-são-joão, maria-preta, picão-roxo.
- Planta anual, herbácea, ereta, de 30 a 80 cm de comprimento; caule revestido de pêlos alvos; aromática.
- Folhas opostas, membranáceas, cobertas de pêlos, de 4 a 9 cm de comprimento.
- Flores de coloração rósea ou esbranquiçada, reunidas em inflorescências no ápice dos ramos e inseridas num eixo comum.
- Vegeta em quase todo o país, nas regiões tropicais e subtropicais, habitando terrenos desde úmidos até secos e elevados; é uma planta ruderal; floresce predominantemente na primavera/verão; reproduz-se por sementes; utiliza-se a planta toda, florida.

Milho[5] (*Zea mays* L. — *Gramineae*)

- Cereal de porte herbáceo, ciclo anual, provido ou não de pêlos; caule robusto, de 1 a 3 m de altura.

---

[5] O milho, do ponto de vista botânico, é considerado uma erva, pois toda a planta morre após completar seu ciclo vegetativo.

- Folhas largas, lanceolado-acuminadas, de cor verde-pardacenta.
- No milho as flores masculinas e femininas são separadas. As masculinas formam uma inflorescência em panícula terminal de espiguilhas; as femininas nascem nas axilas das folhas e de cada uma delas surge um estilete alongado que forma um conjunto na extremidade da espiga, conhecido por estigmas ou cabelo de milho.
- Originário da América do Sul, hoje cultivado em vários países do mundo, é o terceiro cereal mais plantado, depois do trigo e do arroz; floresce de 2 a 3 meses após o plantio; reproduz-se por sementes; utilizam-se os estigmas como medicamento e os grãos como alimento.

Nabo[6] (*Brassica napus* L. — *Cruciferae*)

- Hortaliça de ciclo anual ou bianual, herbácea; possui raízes fusiformes, arredondadas ou cilíndricas, de coloração geralmente branca ou arroxeada.
- Folhas de coloração verde-clara, azulada, as inferiores bem recortadas e as superiores mais longas que largas.
- Flores grandes, amarelo-ouro.
- Cultivada no país, principalmente no Sudeste; reproduz-se por sementes; utilizam-se as raízes e as folhas.

Quebra-pedra (*Phyllanthus niruri* L. — *Euphorbiaceae*)

- Sinônimos: arranca-pedras, arrebenta-pedra, erva-pombinha, saxífraga.
- Planta anual, herbácea, ereta, desprovida de pêlos; caule ramificado, de 20 a 50 cm de altura.
- Folhas dispostas alternadamente, curto-pecioladas, com nervuras claras na face dorsal, de 5 a 10 mm de comprimento.
- Flores pequenas, creme-esverdeadas, unissexuais, axilares e isoladas.
- Ocorre praticamente em todos os Estados do Brasil, vegetando principalmente em locais úmidos e preferindo as regiões tropicais e equatoriais; floresce mais abundantemente no período de chuvas; repro-

[6] O nabo, do ponto de vista botânico, é considerado uma erva, pois sua parte aérea desaparece ao final do ciclo vegetativo.

duz-se por sementes; utiliza-se a parte aérea da planta. Há outras espécies do gênero *Phyllanthus*, de propriedades semelhantes entre si.

Salsa[7] (*Petroselinum sativum* L. — *Umbelliferae*)

- Hortaliça bianual, herbácea; caule estriado e ramoso, de 40 a 80 cm de altura.
- Folhas triangulares e franjadas, compostas de folíolos que se alargam da base para o vértice.
- Flores verde-amareladas, reunidas em umbelas longamente pedunculadas.
- Planta de origem européia, cultivada em todo o país; floresce na primavera/verão; reproduz-se por sementes; utilizam-se as folhas.

Sete-sangrias (*Cuphea mesostemon* Koehne — *Lythraceae*)

- Sinônimos: erva-de-sangue, guanxuma-vermelha.
- Planta perene, herbácea, ereta ou prostrada, ramificada; caule avermelhado e glandular-piloso, de 15 a 30 cm de altura.
- Folhas opostas, curto-pecioladas, de ápice agudo e base arredondada, revestidas de pubescência translúcida, com 2 a 3 cm de comprimento.
- Flores de coloração rósea a lilás-clara, dispostas em inflorescências axilares.
- Ocorre principalmente nos Estados do Sul do país, incluindo o sul de Minas Gerais e do Mato Grosso do Sul; floresce no verão/outono; reproduz-se por sementes; utiliza-se a parte aérea da planta.

Stévia (*Stevia rebaudiana* Hemsley — *Compositae*)

- Sinônimo: estévia.
- Planta perene, herbáceo-arbustiva, de pequeno porte, ereta; caules frágeis, bastante ramificados, de até 1,5 m de altura.
- Folhas opostas, de oblongas a ovaladas, de 2 a 4 cm de comprimento.

---

[7] A salsa, do ponto de vista botânico, é considerada uma erva, pois sua parte aérea desaparece ao final do ciclo vegetativo.

- Flores pequenas e brancas, dispostas em inflorescências tipo cacho.
- Planta originária da Serra do Amambaí, na fronteira entre o Brasil e o Paraguai; adapta-se a vários tipos de clima, mas prefere os tropicais; floresce no verão/outono; reproduz-se principalmente por sementes; utilizam-se as folhas, que contêm substâncias adoçantes, não-calóricas (steviosídeo, 5% a 15% e rebaudiosídeo, 3% a 6% do peso das folhas secas); o steviosídeo tem poder adoçante 300 vezes maior que o açúcar da cana (sacarose).

Tabaco (*Nicotiana tabacum* L. — *Solanaceae*)

- Sinônimo: fumo.
- Planta anual, herbácea, ereta, de até 2 m de altura; caule cilíndrico, revestido de pêlos, simples ou pouco ramificados na parte superior.
- Folhas dispostas alternadamente, de 30 a 60 cm de comprimento e 9 a 12 cm de largura.
- Flores róseas ou vermelhas, em forma de funil e reunidas em inflorescências no ápice dos ramos, em cachos.
- Vegeta em quase todos os Estados do país; embora seja uma planta tropical, adapta-se a quaisquer climas; floresce na primavera/verão; reproduz-se por sementes; utilizam-se as folhas.

Tanchagem (*Plantago major* L. — *Plantaginaceae*)

- Sinônimos: tanchagem-maior, tansagem, tranchagem.
- Planta perene, herbácea, ereta, sem caule, de 15 a 25 cm de comprimento.
- Folhas basais, espessas, sem pêlos, ovalado-elípticas, com nervuras salientes.
- Flores pequeníssimas, de coloração marrom-avermelhada, dispostas em inflorescência tipo espiga, sustentadas por uma haste floral de até 30 cm de altura.
- De origem européia, vegeta principalmente em clima temperado, mas está muito bem aclimatada no país, onde cresce abundante e espontaneamente; floresce na primavera/verão; reproduz-se principalmente por sementes; utilizam-se as folhas.

Arbustos e árvores

Arbusto é um vegetal lenhoso, de porte não muito avantajado, ramificado desde a base, o que faz com que seja total ou quase totalmente desprovido de tronco.

O subarbusto ocupa o meio-termo entre arbusto e erva; em geral possui caule lenhoso e ramos herbáceos.

Árvore é um vegetal lenhoso, de porte avantajado, provido de tronco que se ramifica na parte superior, formando uma copa.

Abacateiro (*Persia americana* Mill. — *Lauraceae*)

- Árvore de porte médio e grande, casca pardacenta, que alcança até 20 m de altura, com ramagem abundante.
- Folhas dispostas alternadamente, brilhantes, pecioladas e lanceoladas.
- Inflorescências de cor branco-esverdeada a amarela, em cachos, e de fraco aroma.
- Fruto tipo baga, com cor verde-oliva, consistência semelhante à da manteiga e ligeiro sabor de nozes.
- Árvore originária da América Central, cultivada em quase todo o país, desenvolve-se melhor em clima quente e úmido; reproduz-se por sementes ou enxertia; floração na primavera; utilizam-se as folhas, frutos e seus caroços.

Alecrim-do-campo (*Baccharis dracunculifolia* DC. — *Compositae*)

- Sinônimos: alecrim-de-vassoura, vassoura, vassourinha, vassoureira.
- Planta perene, arbustiva, ereta, de 2 a 3 m de altura; caule muito ramificado, com ramos cobertos de pêlos.
- Folhas lanceoladas, dispostas alternadamente, membranáceas e preenchidas de glândulas, de 1 a 3 cm de comprimento e 3 a 5 mm de largura.
- Flores brancas, reunidas em inflorescências nas axilas das folhas; formam vários grupos e exalam intenso perfume.
- Vegeta no Centro e no Sul do país; floresce no verão; reproduz-se por sementes; utilizam-se as folhas e as inflorescências.

Aroeira (*Shinus terebenthifolius* Raddi — *Anacardiaceae*)

- Sinônimos: aroeira-mansa, aroeira-pimenteira, fruto-de-sabiá.
- Árvore de porte médio, extremamente rústica, de casca fina, de cor cinza-avermelhada, com escamas.
- Folhas dispostas alternadamente, compostas, de folíolos lanceolados, pontiagudos, denteados e sésseis.
- Inflorescências em forma de panículas, formadas de grande número de flores pequenas, de cor branca a amarelo-pálida.
- Fruto arredondado, vermelho-pálido, luzidio, pequeno e em grande número, que exala um aroma semelhante ao da pimenta.
- Originária da América do Sul, vegeta em alguns Estados do Brasil, principalmente Bahia, Minas Gerais, até Rio Grande do Sul; floresce na primavera/verão; reproduz-se por sementes; utilizam-se as cascas do tronco, que são adstringentes.

Assa-peixe (*Vernonia polyanthes* Less. — *Compositae*)

- Sinônimos: cambará-branco, cambará-guaçú.
- Planta perene, arbustivo-arbórea, ereta, de 1 a 3 m de altura; caule pouco ramificado, acinzentado e coberto de pêlos.
- Folhas dispostas alternadamente, de 14 a 18 cm de comprimento e de 2 a 5 cm de largura.
- Flores pequenas, de cor branca ou lilás-clara, muito aromáticas, reunidas em inflorescências no ápice dos ramos, em cachos.
- Vegeta no Centro-Oeste, Sul e Sudeste do país, indo até a Bahia; floresce de janeiro a abril; reproduz-se por sementes; utilizam-se as folhas e as inflorescências.

Barbatimão (*Stryphnodendron barbatimao* Mart. — *Leguminosae*)

- Árvore de porte médio, caule tortuoso e ramos de folhagem escassa.
- Folhas compostas, pequenas, de folíolos ovais.
- Flores vermelhas e esbranquiçadas, reunidas em inflorescências tipo espiga.
- Fruto tipo vagem, achatada e grossa.
- De origem incerta, ocorre em quase todos os Estados do Brasil, desde o Pará até São Paulo, incluindo Minas Gerais; apresenta crescimen-

to lento e cascas muito ricas em tanino (50%), sendo muito comum nos cerrados; florescimento na primavera; reproduz-se por sementes; utilizam-se as cascas do tronco.

Cambará (*Lantana camara* L. — *Verbenaceae*)

- Sinônimos: camará, cambará-de-cheiro, cambará-de-espinho, cambará-verdadeiro, cambará-vermelho.
- Planta perene, subarbustiva, ereta; caule quadrangular, com pequenos espinhos recurvados, de até 1,5 m de altura.
- Folhas opostas, ásperas, de 3 a 7 cm de comprimento.
- Flores de coloração amarela e vermelha, agrupadas em inflorescências axilares e terminais, em capítulos longo-pedunculados, aromáticas.
- Frutos negro-arroxeados, de 3 a 4 mm de diâmetro, tipo baga globosa.
- Planta tropical, ocorre na maioria dos Estados do país; floresce durante quase todo o ano; reproduz-se por sementes, mudas ou estacas de galho; utilizam-se flores e folhas; é considerada planta tóxica para o gado.

Carqueja (*Baccharis trimera* DC. — *Compositae*)

- Sinônimos: carqueja-amarga, carqueja-amargosa, vassoura.
- Planta perene, herbáceo-arbustiva, ereta, de 50 a 80 cm de altura; caule liso, lenhoso, trialado.
- Folhas fundidas, com alas planas e interrompidas.
- Flores amarelas, reunidas em inflorescências; formam espigas alongadas e interrompidas.
- Vegeta em quase todos os Estados do país; floresce no outono; reproduz-se principalmente por sementes; utilizam-se os ramos alados com os botões florais começando a se abrir.

Embaúba (*Cecropia peltata* L. — *Moraceae*)

- Sinônimos: ambaú, ambaíba, árvore-da-preguiça.
- Árvore alta e esguia, ramificada somente no ápice; pode atingir de 9 a 25 m de altura; tronco reto e oco, com nós e entrenós.

- Folhas cordiformes ou arredondadas, tenras e enormes, atingem às vezes 1 m de comprimento, são divididas em 7, 8 ou 9 lobos unidos parcialmente, de tonalidade prateada.
- Flores femininas em número de quatro; masculinas numerosas.
- Ocorre principalmente nas regiões tropicais, e até mesmo nas zonas secas do Centro, Sul e Nordeste; cresce espontaneamente em terras úmidas das matas naturais, preferindo o clima quente e úmido e as margens dos rios; floresce no verão; reproduz-se por sementes; utilizam-se as folhas e brotos. Existem várias espécies do gênero *Cecropia* e todas possuem propriedades semelhantes.

Eucalipto citriodora (*Eucaliptus citriodora* Hook — *Myrtaceae*)

- Árvore de grande porte, vistosa, elegante, de caule ereto e liso, de até 32 m de altura; casca quase branca, desprendendo-se em lâminas finas.
- Folhas variáveis, compridas, estreitas, nervadas, sem pêlos, brilhantes e de cor igual nas duas faces, aromáticas.
- Flores numerosas, dispostas em cachos compostos e curto-peciolados.
- Fruto em cápsula ovóide ou globosa, comprimida nos bordos.
- Existem mais de 700 espécies de eucalipto, cultivadas em quase todo o mundo, sob as mais diversas condições climáticas, apesar de ser uma planta de clima quente; esta espécie é de rápido crescimento (12 a 13 m em 4 anos); floresce no outono e na primavera; reproduz-se por sementes; utilizam-se as folhas.

Guandu [*Cajanus cajan* (L.) Huth. — *Leguminosae*]

- Sinônimos: andu, ervilha-de-angola, feijão-andu, feijão-de-árvore, feijão-guandu, guando.
- Planta arbustiva, ereta, pubescente; caule lenhoso, de até 3 m de altura.
- Folhas pecioladas, verde-acinzentadas, elípticas, guarnecidas de pêlos.
- Flores de coloração amarela, às vezes com estrias arroxeadas, dispostas em inflorescências tipo cacho.
- Fruto tipo vagem, linear, de 4 a 9 cm de comprimento, com várias sementes globoso-comprimidas, de cor castanha ou acinzentada.

- De origem ainda não determinada, adapta-se bem ao clima equatorial e ao subtropical, quentes e úmidos; cultivado na Ásia há mais de 3.000 anos; altamente aclimatável, é encontrada no Sudeste, no Sul e no Nordeste, especialmente na Bahia; floresce durante quase todo o ano, com o ápice de floração no verão; reproduz-se por sementes; utilizam-se as folhas e as sementes.

Ipê-amarelo (*Tabebuia chrysotricha* Mart. — *Bignoniaceae*)

- Sinônimos: ipê-tabaco, pau-d'arco amarelo.
- Árvore de médio e grande porte, tronco ereto e casca pardacenta.
- Folhas opostas, digitadas, compostas de 5 folíolos desiguais, serreadas, membranáceas, de cor verde-escura na face superior e verde-clara na inferior.
- Flores amarelas, dispostas em inflorescências tipo corimbo.
- Fruto tipo cápsula estreito-linear, curva, acuminada, vilosa.
- Ocorre no Rio de Janeiro, São Paulo e Minas Gerais, crescendo em solos pobres e secos dos campos e cerrados; floresce no início da primavera; reproduz-se por sementes.

Laranja-da-terra (*Citrus aurantium* L. var. *amara* — *Rutaceae*)

- Sinônimos: laranja-amarga, laranja-azeda.
- Árvore de grande porte, armada de muitos espinhos.
- Folhas elípticas, agudas, com pecíolos alados.
- Flores pequenas, brancas, aromáticas, dispostas em inflorescências tipo cimeira.
- Fruto de epiderme espessa, amarela e oleoginosa, com suco mais ou menos ácido.
- Esta é a variedade mais empregada para fins medicinais; floresce no verão e frutifica no outono; reproduz-se por sementes e enxertia; utilizam-se as folhas e as flores; os frutos são usados na culinária.

Lima-da-pérsia (*Citrus aurantifolia* Swingle — *Rutaceae*)

- Sinônimo: limeira-comum.
- Árvore de pequeno porte, de ramos espinhosos, sendo os espinhos

pequenos, aguçados e numerosos; casca de coloração pardo-acinzentada.

- Folhas elíptico-ovais, de cor verde-brilhante, com as margens ligeiramente denteadas; os brotos são de cor verde-clara, tornando-se depois mais escura.
- Flores pequenas, brancas, axilares, dispostas em inflorescências, de 3 a 10 por cacho, aromáticas.
- Fruto esférico-oblongo, geralmente provido de mamilo, de cor amarelo-clara; casca fina; polpa esverdeada, doce, ligeiramente amarga.
- É uma das espécies do gênero *Citrus* mais rústicas, dando-se bem em solos mais ou menos pobres; floresce em grande parte do ano; reproduz-se por sementes ou enxertia; utilizam-se os frutos e suas cascas.

Lípia (*Lippia alba* N. E. Br. — *Verbenaceae*)

- Sinônimos: erva-cidreira-brasileira, falsa-cidreira, falsa-melissa, salva, salva-limão, melissa.
- Planta perene, arbustiva, em forma de moita, ereta, de 1 a 2 m de altura; caule quebradiço, retilíneo ou curvo, com ramos engalhados, acinzentados, cilíndricos e sulcados; toda a planta exala um aroma intenso.
- Folhas opostas, de bordos serrilhados, ovalado-elípticas, cobertas de pêlos nas duas faces; medem em média 6 cm de comprimento por 2,5 cm de largura.
- Flores lilases, vermelhas ou esbranquiçadas, com fundo amarelo, reunidas em inflorescências em capítulo.
- Vegeta em regiões de clima tropical, subtropical e temperado; encontrada nativa em solos arenosos e nas margens dos rios, açudes, lagos e lagoas; prefere regiões subtropicais, sem excesso de frio ou calor; é sensível a geadas, porém rebrota na primavera; floresce durante vários meses ao ano; reproduz-se por estaquia (galhos); utilizam-se as folhas.

Lobeira (*Solanum lycocarpum* St. Hil. — *Solanaceae*)

- Sinônimo: fruta-de-lobo.
- Planta perene, arbustiva ou arbórea; caule tortuoso, ramificado, armado de acúleos; de 2 a 4 m de altura.

- Folhas dispostas alternadamente, pecioladas, sem pêlos na face superior, pubescentes e de coloração brancacenta na inferior, com a nervura central armada por acúleos amarelo-avermelhados e levemente curvados.
- Flores de coloração violácea, dispostas em inflorescências laterais e subterminais, em pequenas panículas.
- Fruto tipo baga globosa, de 8 a 12 cm de diâmetro.
- Ocorre em quase todos os Estados do país, principalmente na região Centro-Oeste e na Sudeste, até São Paulo e Paraná; floresce mais intensamente durante os meses de maio a julho; reproduz-se por sementes; utilizam-se os frutos.

Mamão (*Carica papaya* L. — *Caricaceae*)

- Sinônimo: papaya.
- Árvore de pequeno porte, com tronco grosso, oco e lenhoso, bastante mole.
- Folhas grandes, longo-pecioladas, dispostas alternadamente, de limbo muito grande, palmado.
- Flores brancas ou de cor creme.
- Frutos grandes, dependurados na extremidade dos pedúnculos, moles, ocos, em cujo interior se encontra uma polpa firme e adocicada, com inúmeras sementes pretas envoltas em mucilagem.
- Planta cultivada em todas as regiões tropicais, frutos mundialmente consumidos; necessita de bastante calor e não suporta geadas; floresce no verão/outono, ou quase todo o ano, dependendo das condições climáticas; reproduz-se por sementes; utilizam-se os caroços dos frutos.

Mamona (*Ricinus communis* L. — *Euphorbiaceae*)

- Sinônimos: mamoneira, palma-cristi, palma-de-cristo, rícino.
- Planta perene, arbustiva, ereta, de 2 a 3 m de altura; caule muito ramificado, oco e sem pêlos.
- Folhas dispostas alternadamente, de pecíolo longo (15 a 35 cm de comprimento), em forma de palma, de coloração verde-azulada, com 15 a 45 cm de comprimento.

- Flores reunidas em inflorescências no ápice dos ramos ou nas axilas das folhas, em forma de pirâmide e com 20 a 30 cm de comprimento.
- Vegeta desde o Nordeste do país até Santa Catarina, incluindo o Centro-Oeste; floresce durante quase todo o ano; reproduz-se por sementes; utilizam-se as sementes, das quais se extrai o óleo por prensagem a frio ou por cozimento.

Mandioca (*Manihot esculenta* Crantz — *Euphorbiaceae*)

- Sinônimos: aipim, macaxera, mandioca-amarga, mandioca-brava, maniba.
- Planta perene, arbustiva, ereta, de até 3 m de altura, caules nodosos com ramos avermelhados ou esbranquiçados; possui tubérculos radiculares grossos, de até 1 m de comprimento e 40 cm de diâmetro, ricos em amido.
- Folhas grandes, membranáceas, sem pêlos e verde-claras na face superior; azuladas e com pêlos nas nervuras na inferior.
- Inflorescência em forma de cachos, de cálice amarelado.
- Praticamente cultivada em todo o país; reproduz-se por meio de pedaços de ramos maduros; utilizam-se os tubérculos, dos quais se extrai a farinha de mandioca, e as folhas maduras, nem novas nem velhas.

Panacéia (*Penax quinquefolium* Albuq.[1] — *Solanaceae*)

- Sinônimos: braço-de-preguiça, cinco-folhas, mão-de-onça, tarumã.
- Planta arbustiva, grande, arborescente, de tronco curto, ramificado, com ramos grossos e fortes, revestidos de pelos pardacentos e compridos; de 3 a 4 m de altura.
- Folhas dispostas alternadamente, longo-pecioladas, oblongas, grandes, de 30 a 50 cm de comprimento, de um verde-brilhante na face superior e cinzentas na inferior.
- Flores muito pequenas, brancas ou pardas, pubescentes, dispostas em cimeiras.
- Fruto tipo baga globosa, amarela e provida de pêlos longos, duros e grossos.

---

[1] Sinônimo: *Solanum cernuum Vell.*

- Vegeta de preferência em terrenos úmidos e elevados, principalmente na região Sudeste e Sul; floresce na primavera/verão; reproduz-se por sementes; utilizam-se as folhas.

Panta-rei (*Villaresia congonha* Miers — *Icacinaceae*)

- Sinônimos: chá-de-bugre, congonha-de-bugre, congonha-do-sertão, falso-mate, erva-de-anta.
- Árvore de pequeno porte, casca amarelada, bastante fendida, rugosa e pouco espessa, de ramos cilíndricos.
- Folhas dispostas alternadamente, grandes, de 10 cm de comprimento e 5 cm de largura, coriáceas, rígidas lanceoladas, grossas, brilhantes na face superior e pálido-opacas na inferior, apresentando nervuras bem salientes e tornando-se um tanto quebradiças quando secas.
- Flores pequenas, dispostas em cachos axilares e terminais.
- Fruto tipo drupa.
- Árvore de rápido crescimento, ocorre na região Sul, estendendo-se a Mato Grosso e Goías; floresce na primavera/verão; reproduz-se por sementes; utilizam-se as folhas.

Pata-de-vaca (*Bauhinia forficata* Link. — *Leguminosae*)

- Sinônimos: bauínia, mororó, pata-de-boi, unha-de-vaca, unha-de-boi.
- Árvore de porte médio, de ramos frágeis, com acúleos gêmeos na axila das folhas; com até 9 m de altura.
- Folhas dispostas alternadamente, destituídas de pêlos e compostas de dois folíolos unidos pela base, semelhantes a uma pata de vaca.
- Flores branco-avermelhadas, axilares ou terminais.
- Fruto tipo legume, linear, de 15 a 25 cm de comprimento por 2 cm de largura.
- Há diversas espécies, todas semelhantes entre si e usadas para fins medicinais; esta espécie é muito comum na região Sul do país; prefere o clima temperado, adaptando-se porém a regiões mais quentes; floresce na primavera/verão; reproduz-se por sementes; utilizam-se as folhas.

Pedra-ume-caá (*Myrcia sphaerocarpa* DC. — *Myrtaceae*)

- Sinônimos: cambuí, insulina-vegetal.
- Árvore de pequeno porte ou arbusto.
- Folhas opostas, pecioladas, elípticas ou lanceoladas, desprovidas de pêlos, com até 6 cm de comprimento por 2 cm de largura.
- Flores brancas, numerosas, dispostas em panículas.
- Fruto tipo baga globosa, roxa, com poucas sementes envoltas em polpa muito adstringente.
- Ocorre desde o Pará até o Rio Grande do Sul, preferindo terrenos áridos; floresce no verão; reproduz-se por sementes; utilizam-se as folhas.

Quina-vermelha (*Ladenbergia hexandra* Klotzsch. — *Rubiaceae*)

- Sinônimo: quina-de-folha-larga.
- Árvore de até 10 m de altura.
- Folhas elíticas e tomentosas.
- Flores brancas, aromáticas, dispostas em panículas terminais.
- Ocorre nos Estados do Rio de Janeiro, Minas Gerais e São Paulo; utilizam-se as cascas do tronco, que são sucedâneas das cascas da quina legítima.

Urucum (*Bixa orellana* L. — *Bixaceae*)

- Sinônimos: açafroa, açafroeira-da-terra, urucu.
- Planta arbustiva, de até 5 m de altura, de tronco ereto.
- Folhas dispostas alternadamente, elípticas, cordiformes na base, sem pêlos em ambas as faces.
- Flores grandes, vermelhas, brancas e róseas, dispostas em panículas.
- Fruto tipo cápsula grande, pardacenta, vermelho-pálida ou roxo-escura, revestida de espinhos moles e inofensivos, com numerosas sementes vermelhas.
- Planta nativa da América Tropical, encontrada desde as Guianas até a Bahia e cultivada em todos os Estados brasileiros; floresce no verão; reproduz-se por sementes e estaquia; utilizam-se as sementes.

Verbasco (*Buddleya brasiliensis* Jacq. — *Loganiaceae*)

- Sinônimos: barbasco, barrasco, calção-de-velho, carro-santo, verbasco-do-brasil.
- Planta perene, arbustiva, ereta, de 80 a 140 cm de altura; caule pouco ramificado, quadrangulado, aveludado.
- Folhas opostas, aveludadas, verde-escuras por cima e esbranquiçadas por baixo, de 7 a 15 cm de comprimento e 3 a 4 cm de largura.
- Flores pequenas e amarelas, reunidas em inflorescências nas axilas das folhas, em número de 3 a 4 por grupo.
- Vegeta no Sul, Sudeste e Nordeste do país; floresce no outono; reproduz-se por sementes; utilizam-se as folhas e as inflorescências. É uma planta ruderal.

Trepadeiras

Trepadeiras são plantas que crescem ao longo de corpos vizinhos, ou enrolando-se a eles ou por meio de órgãos especiais de fixação, chamados gavinhas.

Abóbora [*Cucurbita moschata* (Duch) Duch. ex Poir. — *Cucurbitaceae*]

- Planta anual, rasteira ou trepadeira; caule áspero, flexível, coberto de pêlos eriçados.
- Folhas grandes, palmadas, longo-pecioladas, também cobertas de pêlos.
- Flores grandes e axilares, de coloração alaranjada.
- Planta cultivada em quase todo o país; floresce na primavera/verão; reproduz-se por sementes; utilizam-se as sementes; os frutos são comestíveis.

Capuchinha (*Tropaeolum majus* L. — *Gesneriaceae*)

- Sinônimos: agrião-do-méxico, chagas, capuchinha-grande, flor-das-chagas, sete-chagas.
- Planta herbácea, trepadeira, anual; caules carnosos e cilíndricos, verde-claros, de até 5 m de comprimento.
- Folhas dispostas alternadamente, longo-pecioladas.
- Flores vermelhas ou amarelo-alaranjadas, solitárias, irregulares, campanuladas, longo-pedunculadas.
- Nativa da América do Sul, ocorre no Brasil em estado subespontâneo; é resistente e facilmente adaptável a qualquer tipo de clima, sendo também cultivada para fins ornamentais; floresce durante quase todo o ano; reproduz-se por meio de sementes ou por divisão de mudas retiradas de plantas adultas; utilizam-se as flores; as folhas, botões florais e frutos são também comestíveis.

Cipó-de-fogo (*Pyrostegia venusta* Miers. — *Bignoniaceae*)

- Sinônimos: cipó-bela-flor, cipó-de-são-joão, flor-de-são-joão.
- Trepadeira lenhosa, grande e forte, perene, de 2 a 4 m de comprimento.

- Folhas opostas, compostas de 2 folíolos e uma gavinha, eventualmente com 3 folíolos, de 3 cm de comprimento por 2 cm de largura.
- Flores muito vistosas, dispostas em inflorescências axilares, em forma de panículas.[1]
- Planta originária da América do Sul, muito comum em todo o país, sendo espontânea desde o Ceará até o Rio Grande do Sul, incluindo Minas Gerais e Goiás; vegeta pelos campos, pastagens, beira de estradas e terrenos arenosos; floresce mais abundantemente no inverno; reproduz-se por sementes; utilizam-se as flores.

Cipó-prata (*Banisteria argyrophylla* Juss. — *Malpighiaceae*)

- Trepadeira lenhosa grande, de ramos finos e alongados.
- Folhas opostas, pecioladas, ovaladas, arredondadas na base, de cor verde-escura na face superior e prateada na inferior.
- Flores brancas e amarelas, franjadas, reunidas em umbelas paniculadas, estas dispostas em corimbos terminais.
- Ocorre principalmente em Minas Gerais e São Paulo; floresce no verão; reproduz-se por sementes; utilizam-se as folhas.

Maracujá (*Passiflora alata* Dryand. — *Passifloraceae*)

- Sinônimos: flor-da-paixão, maracujá-gigante, maracujá-silvestre, passiflora.
- Trepadeira de caule quase quadrangular, estreitamente alado, desprovido de pêlos.
- Folhas grandes, de 11 a 18 cm de comprimento por 8 a 10 de largura, de consistência dura, dispostas alternadamente, oval-oblongadas ou ovais, brilhantes na face e pálidas no verso.
- Flores grandes, solitárias, axilares, com cálice verde por fora e avermelhadas por dentro.
- Frutos grandes, de 8 a 11 cm de comprimento por 5 cm de espessura na parte mais larga, ovóides, carnosos, com polpa gelatinosa de sabor doce e acre.
- Planta originária da América Tropical, vegeta melhor em climas

---

[1] Cita-se o fato de um só pé haver ostentado ao mesmo tempo 300 cachos floridos.

quentes e úmidos, não se adaptando bem a grandes altitudes; ocorre do Amazonas até São Paulo; floresce predominantemente na primavera/verão; reproduz-se por estaquia ou por meio de mudas obtidas de sementes; utilizam-se as folhas, as flores, as raízes e os frutos.

Obs.: há cerca de 60 espécies de maracujá, todas apresentando propriedades medicinais semelhantes.

Ora-pro-nóbis (*Pereskia aculeata* Mill. — *Cactaceae*)

- Planta arbustiva, trepadeira, ascendente por meio de espinhos.
- Folhas lanceoladas, quase sésseis, sem pêlos, com dois pequenos espinhos.
- Flores branco-róseas, dispostas em pequenas panículas terminais.
- Fruto tipo baga, pequeno, amarelo e anguloso.
- O gênero *Pereskia* compreende cerca de 20 espécies arbustivas, sendo que esta constitui uma exceção na família das cactáceas, pelo fato de possuir folhas; planta muito cultivada no país, desde o Estado da Bahia até o Rio Grande do Sul; floresce no outono/inverno; reproduz-se por sementes e estaquia; utilizam-se as folhas.

Thunbérgia (*Thunbergia alata* Bojer — *Acanthaceae*)

- Sinônimos: amarelinha, jasmim-sombra.
- Trepadeira herbácea, perene, de 1 a 3 m de comprimento.
- Folhas opostas, pubescentes, de 5 a 10 cm de comprimento, sustentadas por longo pecíolo alado.
- Flores solitárias, longo-pedunculadas, de coloração variável entre alaranjado, amarelo e branco, com a face interna do tubo da corola castanho-escura ou preta.
- Originária da África Oriental, é naturalizada em toda a América Tropical, ocorrendo na maioria dos Estados do Brasil, com mais freqüência na planície litorânea; floresce durante quase todo o ano, mais intensamente nos períodos de maior calor; reproduz-se por sementes; utilizam-se as flores.

Índice geral de sintomas, doenças e seus tratamentos

Índice remissivo

GUIA PRÁTICO DE TERAPÊUTICA EXTERNA

Métodos e procedimentos terapêuticos de grande simplicidade e eficácia

Dr. José Maria Campos
(Clemente)

As práticas terapêuticas externas, desenvolvidas até certo ponto em épocas passadas, dão-se hoje a conhecer como um potente instrumento de cura e amplo campo de investigações. Com a aproximação entre o mundo material e o mundo imaterial, que atualmente começa a realizar-se, pode-se atingir com maior facilidade certos nódulos, contraparte sutil das doenças, especialmente pelo uso dessas técnicas naturais.

Assim, o Dr. José Maria Campos, um dos autores de PLANTAS QUE AJUDAM O HOMEM, traz agora um guia prático, fruto de seu trabalho e pesquisa nesse setor da medicina. Nesta obra, apresenta indicações para o uso de algumas plantas, sugestões para o preparo e emprego de compressas, cataplasmas, pedilúvios, banhos de imersão, lavagens intestinais e aplicações de argila. Acrescenta, também, orientações sobre a elaboração de chás, pomadas, tinturas e outros produtos, bem como esclarece pontos importantes sobre o manuseio de plantas medicinais.

CULTRIX / PENSAMENTO

PLANTAS QUE AJUDAM O HOMEM

Guia Prático para a Época Atual

Dr. José Caribé
Dr. José Maria Campos (Clemente)

Obra de autoria de dois médicos que se dedicam à tarefa de ajudar os semelhantes na atual fase de transição planetária. Com esse objetivo, organizaram este precioso guia que leva o leitor a conhecer, amar e utilizar inteligentemente plantas que até agora tiveram uso limitado, mas que podem prestar maiores serviços não só no campo alimentar, como também no campo da saúde.

Diante da situação de emergência em que o mundo está ingressando, e da crescente falta de alimentos e de assistência social e médica que ameaça a sociedade humana, um livro como este é de grande valia; fornece sugestões para os que buscam um modo de viver mais simples, um contato amoroso e fraterno com as dádivas da Natureza.

CULTRIX / PENSAMENTO

CAMINHOS PARA A CURA INTERIOR

Trigueirinho

A enfermidade existe nos níveis físico-etérico, emocional e mental, mas não além deles. Sempre que o pensamento e a energia estiverem centrados em características materiais, como, por exemplo, enfocando de modo exclusivo os assuntos da personalidade, o indivíduo estará mais sujeito às doenças, dado que é exatamente nesse nível que elas existem.

Para se estar relativamente livre dessa condição de desarmonia é necessário concentrar-se na idéia de que a maior parte do ser se encontra em níveis supramentais e tomar consciência disso de maneira cada vez mais clara.

Este livro é um roteiro para se conseguir essa nova atitude. Mostra a origem das doenças, suas funções mais profundas e o correto relacionamento do indivíduo com os seus corpos. Mostra-nos, também, o trabalho com a purificação das células, o esforço sem luta, a questão do sofrimento e da dor e, principalmente, a grande proteção com que podemos contar quando tomamos certas decisões.

CAMINHOS PARA A CURA INTERIOR é um roteiro que nos indica como mudar para melhor o rumo do nosso destino.

EDITORA PENSAMENTO

HORA DE CURAR

(A Existência Oculta)

Trigueirinho

O planeta vai ser curado de desequilíbrios ancestrais, em parte trazidos pela própria humanidade que, como se sabe, é proveniente dos mais diversos pontos desse cosmos infinito, expressando por isso um nível de consciência tão heterogêneo.

Para compreender, ao menos em parte, o que vem a ser uma cura, temos que penetrar os recônditos mistérios da própria existência do ser. Não é possível circunscrevê-la ao nível material, pois uma cura do corpo físico-etérico ou do emocional-mental, quando verdadeiramente ocorre, é apenas decorrência da cura interior.

A energia de cura não tem dono; nada e ninguém a possui. Ela se doa por meio daqueles que podem prestar o serviço de irradiá-la.

EDITORA PENSAMENTO

A FORMAÇÃO DE CURADORES

Trigueirinho

Para a formação de curadores não há escolas no plano físico. Essa formação é um amadurecimento do ser interior do indivíduo e também da sua parte consciente no mundo do viver humano; é uma transformação guiada pelo seu núcleo de consciência cósmica e pelos Instrutores que habitam os planos internos da existência.

Os curadores cósmicos trabalham secretamente, dado que sua presença provoca alterações consideráveis no ambiente e nos seres. Alguns, que canalizam energias muito potentes, vivem totalmente apartados da massa humana. O estímulo emanado diretamente de um curador desloca as forças de inércia da matéria terrestre, fato que pode gerar um estado de reação nos indivíduos que não estejam preparados para uma transformação ou para uma purificação mais profundas. Assim, é seguindo a lei do amor-sabedoria que o curador não se dá a conhecer e trabalha em silêncio, na maior parte dos casos agindo por vias indiretas, a partir dos planos internos.

Os contatos com um curador ou com um centro de cura autênticos são regulados por Hierarquias. Há nesse processo uma precisão impecável, que considera o bem maior do indivíduo a ser curado segundo os ciclos da sua evolução e também do planeta.

Editora Pensamento

AURORA

Essência Cósmica Curadora

TRIGUEIRINHO

Os tempos nos quais o homem considerava a superfície da Terra o seu único habitat, a ponto de apegar-se cegamente a ela, estão terminando. Hoje ele pode saber, por experiência direta, que a raça humana provém de diferentes áreas do cosmos, e aqui faz as experiências que são próprias ao seu trajeto evolutivo nos níveis materiais — o físico, o emocional e o mental. Todavia, é preciso ir mais além.

AURORA é uma civilização intraterrena que auxilia o homem em sua integração com o mundo em que vive e com a dimensão extraterrestre, levando-o a ultrapassar os limites da raça que habita a superfície do planeta. O trabalho de AURORA procura levá-lo à perfeição interior e à liberação espiritual para que alcance a vida cósmica.

Este livro possibilita ao leitor abrir-se para as oportunidades que a cura cósmica traz hoje ao planeta e aos seus habitantes, conduzindo-os a uma relação mais feliz entre o que é material e o que é imaterial.

EDITORA PENSAMENTO